ISLAND

소재성 지음

P R O L O G Y

뭐 하러 사서 고생을 해?

나는 15년 차 캠퍼, 10년 차 백패커다. 내가 캠핑을 간다고 하면 사람들은 지금도 내게 이렇게 말하곤 한다. "뭐 하러 사서 고생을 해?" 펜션이나 호텔에 머물며 편하게 즐기면 될 텐데, 번거롭고 불편하기만 한 캠핑을 왜 가는지 도무지 이해가 안 된다는 것이다. 이건 실제 캠핑을 해보지 않은 많은 사람들이 갖는 생각이기도 할 것이다. 나도 그랬으니 말이다. 지금이야 자칭 타칭 '캠핑 고인물'이 되었지만, 나도 캠핑을 시작하기 전에는 저런 생각을 자주 가졌었다. 그럼에도 내가 캠핑 마니아가 된 것은 일반 여행에서는 느낄 수 없는 자유로움 때문이다.

캠핑은 감성, 백패킹은 낭만이다

난 사람들에게 캠핑과 백패킹을 이렇게 말한다. '캠핑은 감성, 백패킹은 낭만'. 감성과 낭만이 무슨 차이가 있냐고 물을 수도 있겠지만, 솔직히 나도 이렇다라고 딱히 설명하긴 힘들다. 왜냐하면 그건 직접 가봐야 느낄 수 있는 것이기 때문이다.

   캠핑하면 사람들은 흔히 알록달록 예쁜 조명 사이로 은은한 불빛이 드리워지고, 나무결이 살아있는 원목 캠핑 도구에서 느껴지는 따스함, 커다란 돔 텐트나 뾰족하게 솟은 인디언 텐트에서 뿜어져 나오는 안락함, 그리고 따닥따닥 타들어 가는 모닥불을 바라보며 불멍을 즐기는 것을 떠올릴 것이다. 그렇다. 지금 당신 머릿속에 그려지는 그것이 바로 캠핑의 감성이다. 텐트를 치고 조용히 나만의 감성에 젖어 드는 것, 그게 캠핑의 매력이다.

백패킹은 캠핑 용품을 등짐에 넣고 다니는 것이다. 배낭 하나에 캠핑 용품을 모두 넣고 다닌다고 하면, 떠나기도 전에 지레 겁부터 가질지도 모르겠다. 백패킹을 하기 전 내가 가졌던 생각처럼 말이다. 그런 사람들에게 백패킹이 얼마나 낭만적인 여행인지 알려주고 싶다. 배낭 하나만 멘다면 대한민국 어디라도 발길이 닿는 곳이 여행지요, 당신이 잠드는 곳이 곧 야영지다. 그만큼 백패킹은 자유롭다. 마치 세상의 규칙을 던져버린 보헤미안처럼.

섬, 그곳에서 캠핑

2012년 가을, "섬 여행 가자. 너는 편하게 몸만 와" 친구의 이 한마디는 자석처럼 나를 섬으로 끌어들였다. 언제나 그래왔던 것처럼 여행지에 도착하기 전까지만 해도 나는 펜션을 예약한 뒤 적당한 맛집을 찾아 조개구이를 먹고, 해 질 무렵 바비큐 파티를 할 것이라 생각했다. 그렇게 친구를 따라나선 곳이 인천시 덕적도였고, 그것이 나의 섬 캠핑의 시작이었다.

족히 수백 년은 살아왔음직한 소나무 아래 불어오는 바람 때문이었을까.

아니면 그 시간, 그 해안가에 함께 있었던 사람이 좋았기 때문이었을까? 그날의 섬 여행은 내 머릿속에 각인되었고, 그 단 한 번의 섬 캠핑으로 나는 누구보다 섬을 사랑하는 여행자가 되었다. 그리고 그날, 그들이 메고 온 배낭 안에서 마법처럼 쏟아져 나오는 텐트, 테이블, 의자 등 각종 캠핑 도구를 보며 난 연신 감탄을 했고, 그 탄성이 채 가시기도 전에 야영지가 완성되는 것을 보았다. 이렇게 간편하게 캠핑을 즐길 수 있다니! 실로 놀라움의 연속이었다. 그것이 바로 백패킹이다.

당시만 해도 난 섬에서 야영을 한다는 건 상상조차 하지 않았다. 차로 갈 수 있는 곳도 아닌데, 어찌 그 많은 캠핑 장비를 섬까지 가지고 간단 말인가. 그런 나의 생각은 덕적도 여행을 통해 완전히 뒤바뀌었다.

그렇게 나는 덕적도를 시작으로 지금까지 70여 곳이 넘는 섬을 다녔다. 앞으로 2~3년 안에 섬 100개를 둘러보는 것이 나의 목표다.

섬 캠핑을 시작하는 이들에게

10개의 섬에는 10개의 이야기가 있다. 모든 섬이 비슷할 것 같지만, 각각의 섬에는 그 섬만의 특징이 존재한다. 일반 여행지에 비해 상대적으로 찾는 사람이 적어 천혜의 자연 경관이 잘 보존되어 있을 뿐 아니라 육지와 다른 풍습, 문화, 환경 등을 자유롭게 경험해 볼 수 있다. 그런 섬을 캠핑과 백패킹으로 여행한다면 펜션이나 민박과 같은 숙박시설에서 정해 준 입·퇴실 시간의 제한에서 벗어나 여유로이 섬을 즐길 수 있다. 거기에 섬에서는 낚시나 해루질과 같은 채집 활동과 섬 주민들에게서 얻는 풍요로움까지 도시에서 느끼기 어려운 것들을 경험하게 해준다.

난 이 책을 통해 지금까지 섬 여행을 다니며 알게 된 정보를 나누고, 육지 여행과 섬 여행의 차이와 섬 캠핑의 매력에 대해 소개하려고 한다. 섬 캠핑이 번거로울 거라는 생각에 시도조차 하지 않았던 이들을 위해, 좀 더 쉽게 도전해 볼 수 있도록 이 책이 나침반이 되어주길 바라는 마음으로 집필했다.

나 역시 많은 시행착오를 겪었다. 아무런 정보가 없던 섬에서 길을 잃었던 적도 있었고 준비가 미흡해서 힘들었던 때도 있었다. 모든 것이 완벽하다고 생각했었지만 그렇지 않은 경우도 허다했다. 이런 나의 경험담을 공유하여 불편함을 겪을 수 있을 상황을 피할 수 있길 바란다. 그럼에도 섬 여행에서 무슨 일이 생길는지는 아무도 모르지만 그것도 추억이 되어준다는 나의 생각도 공유되었으면 한다. 이 책은 대한민국 동서남북을 누비게 될 여러분을 위한 것이다.

CONTENTS

프롤로그   4

PART 1   너에게 들려주고 싶은 섬 이야기

한국의 갈라파고스 | 인천 굴업도 | 12
고래가 떠오르는 신비의 모래섬 | 인천 이작도 | 34
대한민국 서쪽의 끝 | 인천 백령도 | 48
아픈 기억을 간직한 섬 | 인천 연평도 | 66
캠핑노트 | 어서 와, 캠핑은 처음이지? | 80

PART 2   가볍게 가도 괜찮아

바다 미술관의 버들 선생 | 인천 신도·시도·모도 | 92
차박의 성지 | 충남 대난지도·소난지도 | 114
지는 달이 아름다운 섬 | 전남 상낙월도·하낙월도 | 126
풍요의 섬 | 인천 덕적도·소야도 | 142
캠핑노트 | 배낭 하나면 떠날 수 있어 | 160

PART 3   With Island

강아지와 함께 공룡시대로 | 전북 위도 | 168
바다의 전설, 인어가 사는 섬 | 인천 장봉도 | 182
친구들과 안개의 섬으로 | 충남 외연도 | 202
무인도 삼시 네끼 | 인천 사승봉도 | 216
캠핑노트 | 마치 아니 온 듯 다녀가시옵소서 | 234

PART 4　때로는 힘들어도 좋다

갈대는 가을을 노래하고 |충남 고파도| 　　　　　　242
서해의 공룡 능선 |인천 백아도| 　　　　　　　　260
들에 피는 꽃, 야생화 |경기 풍도| 　　　　　　　278
펄랑못 이야기 |제주 비양도| 　　　　　　　　　292
캠핑노트 | 알아두면 쓸모 있는 캠핑 장비(1) 　　306

PART 5　남해의 섬은 언제나 옳다

등대섬의 고릴라 |경남 매물도| 　　　　　　　　314
다도해가 품은 비렁길 |전남 금오도| 　　　　　　330
봄의 왈츠, 꽃들의 향연 |전남 하화도| 　　　　　346
보배로운 모래시계의 섬 |경남 비진도| 　　　　　362
캠핑노트 | 알아두면 쓸모 있는 캠핑 장비(2) 　　376

에필로그 　　　　　　　　　　　　　　　　　382

PART 1

너에게 들려주고 싶은 섬 이야기

GUREOPDO

ISLAND

№ 1

섬 캠핑의 성지

굴업도
사람이 엎드려
일하는 모양을 닮아 붙여진 지명이다.
그러고 보면 한국의 섬들은
생김새나 지역 특성에 빗대어
이름 붙여진 섬이 많다.
여우를 닮았다 하여 호도,
자라를 닮았다고 하여 붙여진 금오도처럼 말이다.

처음 굴업도를 방문했을 때 가장 기대됐던 것은 한국의 갈라파고스라고 불리는 섬의 모습이다. 때 묻지 않은 신비의 섬, 태초의 자연 그대로의 모습을 간직한 천혜의 섬….

인위적인 조형물이 없는, 본연의 모습 그대로인 굴업도 해변을 마주하노라면 자연의 경이로움에 저절로 빠져들게 된다.

크고 작은 암석 조각과 고운 화산재가 굳어져 생긴 해안 절벽과 아름다운 해안선에 시선을 빼앗긴다. 거기에 들판에는 꽃사슴이 뛰어놀고 여간해서는 보기 힘든 천연기념물 송골매와 멸종 위기에 놓인 식물들이 섬 곳곳에 서식하고 있다. 생태계의 낙원, 한국의 갈라파고스라 불릴만큼 굴업도는 원형 그대로의 자연의 모습을 가지고 있다.

하지만 한국의 갈라파고스를 만나기란 그리 쉽지 않다. 굴업도는 인천 섬 중에서도 제법 멀리 떨어져 있을 뿐 아니라, 배표를 구하는 것이 하늘의 별따기다. 배표를 예매하는 날짜와 시간이 정해져 있는데 판매 시작과 동시에 매진되기 일쑤다. 어렵게 예매에 성공했다 하더라도 그게 다가 아니다. 중간 환승지인 덕적도에서 굴업도행 배로 갈아타야 한다. 그마저도 하루 한 차례만 다닌다. 환승 시간을 못 맞추면 굴업도는 다음을 기약해야 한다.

사람의 입도를 쉽게 허락하지 않기 때문일까, 굴업도는 백령도·울릉도와 더불어 섬 캠핑의 3대 성지로 불린다. 실제로 굴업도에서는 일반 관광객은 찾아보기 힘들다. 대부분이 나처럼 캠핑을 즐기기 위해 찾는 이들이다.

№ 2

개머리 언덕

굴업도에서는
목기미 해변이나 연평산에서도
백패킹이 가능하지만
사람들에게 가장 많이 알려져 있는 곳은
개머리 언덕이다.

그곳으로 가기 위한 경로는 두 가지다.
마을 능선을 타고 오르는 길과 해변을 따라 오르는 길.
나는 능선 길보다 거리가 짧은 해변 길로 방향을 정했다.
선선한 오솔길을 지나면
파도가 가루 내어 부드러워진 백사장이 나타난다.
마치 태평양 한가운데 있는 것 같은 착각을 불러일으키는 길이다.

그 길 끝으로
듬성듬성 나무가 자라있는 고개를 오르면
붉은빛 수크령이 백패커들을 먼저 반긴다.
여기서부터가 개머리 언덕이다.

구불구불한 길을 따라 걷다보니 약속이나 한 듯 일렬로 지나가는 꽃사슴 무리와 마주했다. 사람을 자주 본 것일까. 아니면 아무도 위협을 하지 않는다는 걸 알고 있는 것일까. 녀석들은 나그네를 신경 쓰지 않고 자유롭게 뛰논다. 내가 듣기로는 꽃사슴은 겁이 많다던데 꼭 그렇지도 않은 거 같다.

개머리 언덕은 시원하게 펼쳐진 초원 언덕이다. 그늘이 없어 가장 먼저 타프로 햇빛을 가릴 준비를 한 후, 사방에서 불어오는 바람에 장비가 날아가지 않도록 단단히 고정했다. 준비는 완벽했고 모든 것이 순조로웠다. 뒤를 이어 올라온 백패커들이 우리를 지나쳐 숲으로 사라지는 모습을 하나, 둘… 열 명이 넘어가는 것을 보기 전까지는…. 저들은 도대체 어디를 가는 것일까?

낮보다 짙어진 햇살이 수평선을 따라 내려오는 시간.
바람에 넘실거리는 수크령 사이를 걷는다.
붉게 빛나는 언덕을 배경으로 한 사진은
어디를 어떻게 찍어도 하나의 작품이 된다.
마치 사진작가라도 된 것처럼
카메라 셔터를 연신 눌러 대다 문득 궁금했다.
사람들은 왜 저 숲으로 향했을까?
나는 그제야 사람들이 사라졌던 곳으로 발걸음을 옮겼다.

　<이상한 나라의 앨리스>에 나오는 토끼를 따라가는 것 같은 기분이다. 아무 것도 알 수 없고, 발 딛기도 어려워 보일만큼 나무들이 빽빽한 숲의 끝. 놀랍게도 거기엔 광활하게 펼쳐진, 서해를 품고 있는 또 다른 들판이 나타났다. 나는 더 이상 말을 잇지 못했다. 우리가 가려고 했던 진짜 개머리언덕이 거기에 있었던 것이다.

　어디서부터 잘못된 것일까. 지금이라도 텐트를 옮겨야 하나? 하지만 그건 그리 쉬운 일이 아니다. 한 번 야영지에 자리를 잡고 난 후에는 제아무리 좋은 장소를 찾았다 한들 장비 해체와 설치를 다시 하기는 어렵다. 고민도 잠시, 이미 해는 기울고 놓칠 수 없는 낙조가 시작되었다.

달빛 아래, 짙은 어둠이 내린 언덕.
수크령이 수놓은 들판에 앉아
꺼져 버린 붉은 빛의 이야기를 듣는다.
이마저도 못 봤다면 어쩔 뻔했단 말인가.
서해 어디를 가도 낙조를 볼 수 있다지만
비교할 수 없게 아름다운
개머리 언덕의 일몰은
나를 시인이 되게 했다.

노을아
어여쁜 너는 하나의 나비 같아라
네가 앉은 수평선의 향기는 흩어지고
바다에는 붉은 빛만 남았구나

№ 3

별 헤는 밤

우리는 금빛 낙조 안에서
잔을 기울이며 별을 기다렸다.
날씨가 좋은 날이면 굴업도에서는
맨눈으로도 은하수를 선명하게 볼 수 있다.
그날 밤이 딱 그런 밤이었다.
그날은 하루 종일 구름 한 점 없는
청명한 가을 하늘이었다.
별이 쏟아져내린다는 굴업도의 밤하늘을 볼 수 있을 것만 같아
더욱 기대가 됐다.

노을이 밤을 재촉하자
어느새 해는 사라지고
별이 그 모습을 드러내기 시작했다.
까만 도화지에 빛나는 유리 가루를 뿌려 둔 것 같은 하늘,
별이 빛나는 밤.
나는 은하수가 처음이다.
가슴 한 곳에 새겨진 첫사랑처럼
굴업도의 별들이 두 눈에 기억된다.
가늠할 수 없을 만큼 아득히 먼 곳,
강물처럼 흐르는 은하수를 바라보며 약속했다.
너를 결코 잊지 않으리라고.

№ 4

굴업도의 특별한 백반

굴업도를 떠나기 전, 시간을 맞춰 가볼 만한 곳이 있다.
몇 가구 살지 않는 이곳에서 먹을 수 있는 특별한 밥상.
백반이야 어디서나 쉽게 먹을 수 있다지만 여기는 좀 다르다.
굴업도에서 자라는 산나물과 손수 재배한 채소,
앞바다에서 잡은 생선이 찬으로 나온다.
이곳에서만 맛볼 수 있는 특별식인 셈이다.
맛있게 매콤했던 해물 무침,
직접 담가서인지 구수한 맛이 더욱 진했던 된장찌개,
꾹꾹 눌러 담은 고봉밥이지만
한 그릇 뚝딱이다.

별나게 대단해 보이지 않았던 밥상이 왜 그렇게도 맛있었던지, 어릴 적 우리네 할머니가 챙겨주었던 추억을 닮아서 그랬을까? 도시의 한정식 집에서도 맛보지 못했을 손맛이 묻어나는 밥상. 그것은 내게 잊을 수 없는 또 하나의 추억이 돼주었다. 그래서 굴업도를 갈 때면 난 이 특별한 백반을 꼭 찾는다. 물론 이것마저도 굴업도를 처음 방문했던 날에는 맛보지 못했다.

처음 굴업도에 도착했던 날, 선착장은 너무도 한적했다. 매표소도 닫은 지 오래였고 길에는 배에서 내리는 사람들이 전부였다. 단지 파란색 트럭 안의 남자만이 누구를 기다리는지 배를 바라보고 있을 뿐이었다.

처음 와보는 섬을 걷는다는 두근거림과 멀리서 개머리 언덕이 나를 부르는 것만 같아 한 걸음, 한 걸음을 즐거이 발을 내딛었다. 그때 선착장에서 보았던 트럭이 우리 일행 앞에 멈춰 선다. "어디서 왔어요?" 한여름 땡볕에 그을린 구릿빛 피부의 남자는 환한 미소로 자신을 굴업도 이장이라 소개했다. 개머리 언덕은 걷기에는 멀고, 자리가 남으니 언덕 입구까지 데려다 주겠단다.

기쁜 마음으로 올라탄 차에는
우리보다 먼저 타고 있던 또 다른 백패커가 있었다.
그 남자가 말하길
굴업도 이장댁 백반이 굉장히 맛있으니
시간이 된다면 꼭 맛보라는 것이다.

다음 날 아침,
배를 타기 전 식사를 할 수 있도록 청해보았지만
예약한 손님들의 식사만 준비해 둔 터라 어렵단다.
다음을 기약해야만 했다.

여러 가지로 아쉬움을 남기고 돌아오던
첫 굴업도 여행길에서
굴업도는 '굴없도'라며 너스레를 떨던 나에게,
굴업도는 굴 있다며 박장대소 하던 이장님의 모습이 선하다.
어쨌건 다시 한 번 왔어야 할 굴업도였다.

굴업도

- 위치　인천광역시 옹진군 덕적면
- 배편　인천 연안여객터미널(1시간 10분)
　　　대부도 방어머리항(1시간 40분)
　　　덕적도에서 환승(1시간 30분)
- 예매　가보고 싶은 섬
　　　(https://island.haewoon.co.kr)
- 야영　개머리 언덕 잔디밭(무료)
　　　목기미 해변 노지(무료)
　　　연평산 잔디밭(무료)
　　　덕물산 노지(무료)

캠핑 TIP

- 개머리 언덕으로 가기 위한 해변 길은 약 2km로 도보로 35분, 마을 오른쪽 능선 길은 약 3km의 거리로 도보로 45분 정도가 소요된다.
- 개머리 언덕에는 화장실이 없어 용변이 불편하니 오르기 전에 해결해 두는 것이 좋다. 용변은 대소변을 가리지 않고 응고제를 사용하여 봉투에 처리하면 된다.
- 개머리 언덕은 사방이 트여 있고 그늘이 없으므로 타프나 쉘터가 유용하다.
- 목기미 해변과 연평산, 덕물산을 야영지로 정했다면 선착장에서 우측 길을 따라 가면 된다.

섬 TIP

- 덕적도에서 출발하는 굴업도행 배는 홀수 날에 문갑도 → 굴업도 → 백아도 → 울도 → 지도 순서로, 짝수 날은 문갑도 → 지도 → 울도 → 백아도 → 굴업도 순으로 운항하므로 홀수 날에 가는 것이 시간을 단축할 수 있다.
- 굴업도의 경치를 감상하며 개머리 언덕을 오르려면 능선길을 추천한다.
- 굴업도식 시골 밥상을 맛보고 싶다면 예약이 필수다. 덤으로 선착장에서 마을까지 무료 픽업을 해준다.

IJAKDO

ISLAND

№ 1
섬의 역사

두 개의 이작도.
처음 캠핑을 간 곳은 대이작도이고
두 번째는 소이작도이다.
대이작도에서의 야영지를 작은풀안 해수욕장으로 정한 뒤
선착장의 분주한 차량 사이로 발걸음을 옮겼다.
선착장에서 야영지까지는 따로 인도가 없다.
배에서 내린 차들만 지나가면 도로에는 아무것도 다니지 않아
걷는 데 큰 어려움은 없다.

내가 가는 길 위에 놓인 이 섬에는 신비한 모래섬이 있고, 어버이를 기다리다 망부석이 되었다는 오형제 바위를 가지고 있다. 이 길에선 우리나라에서 가장 오래되다는 암석도 만날 수 있다. 25억 년, 작은 바위들이 뒤섞여 켜켜이 세월을 이루고 파도가 시간을 입힌 암석이다. 걷는 것만으로 이 섬이 얼마나 오래되었는지 알 수 있음에 감탄이 절로 나온다. 그리고 혼자지만, 연인과 함께 건너면 백년해로를 할 수 있다는 다리도 건너본다.

같은 길이어도 알고 걷는 길과 모르는 길을 걷는 것은 다르다. 이 길도 아무것도 모르고 걸었다면 평범한 길이였을 것이다. 길에 정답이 있는 건 아니지만 나는 그날 길을 따라 이작도의 역사를 걸었다.

No 2
섬의 가을

대이작도에는 가을이 시작된 9월에 도착했다. 가을 부아산은 빠알간 얼굴을 곱게 내민 수줍은 소녀의 모습이다. 가을이면 사람들은 유명 산으로 단풍을 찾아다니지만, 나는 섬의 단풍을 쫓는다. 이작도의 가을은 단아하고 소박한 멋이 있다. 높은 육지의 산처럼 화려하고 웅장한 단풍은 아니지만, 이작도 곳곳을 은은히 물들이는 부드러움이 존재한다. 내가 가을 섬을 사랑하는 이유기도 하다.

    내가 가을 섬을 찾는 또 다른 이유는 다른 어느 때보다도 캠핑하기에 가장 좋은 계절이기 때문이다. 봄은 따듯함을 만끽할 수 있는 기간이 짧고, 얼마 지나지 않아 곧바로 무더운 여름에 접어든다. 서해의 초가을은 낮과는 전혀 다른 쌀쌀한 밤이 찾아오니 방심하면 안 된다. 밤을 대비해 여분의 겉옷을 챙기고 침낭도 동계용으로 바꿔야 하는 시기다. 거기다 가을비까지 내리면 기온이 뚝 떨어지니 핫팩을 챙기고 다니는 것도 좋다.
    섬에서는 식수를 받을만한 곳이 많지 않다. 섬 캠핑 시 필수로 챙겨야 하는 것이 물이다. 물은 극한 온도에도 변형이 안 되는 내열 물통에 담아가는 것도 좋다. 데운 물을 내열 물통에 넣어 안고 있으면 겨울철이라고 해도 물통에서 온기가 퍼져 따뜻하게 있을 수 있으니 일석이조이다.

№ 3
신비의 모래섬

섬 안에 섬. 하루 세 번, 물때에 따라 풍경을 갈아입고 신기루처럼 나타나는 신비의 모래섬, 풀등이 있다. 마치 바다 한가운데서 고래가 떠오르는 모습을 닮았다 하여 고래섬으로 불린다. 이작도의 풀등은 KBS 예능 프로그램 <1박 2일>에 나와 더욱 유명해진 곳인데, 방송에서 말하는 47만 평이란 숫자는 도저히 감이 오지 않았다. 실제로 마주한 풀등은 상상했던 것보다 훨씬 더 넓었고 그 끝은 보이지도 않았다. 매우 보기 드문 현상인데다 이국적인 분위기까지 풍기는 곳임에 어떤 여행가는 이렇게 말했다. "풀등을 보지 않았다면 대이작도 여행을 하지 않은 것"이라고.

풀등을 품고 있는 이작도의 해변은 인도양의 해변과 닮아 인천의 몰디브라고도 불릴 만큼 아름다운 곳이다. 잔잔한 바다 위에 보석처럼 빛나는 백사장, 눈앞에 놓인 신비로운 해변이 내 마음에 책을 쓰게 한다. 눈을 감고 떠올리면 언제고 펼쳐지는 그림책. 놀라운 경험이 두텁게 쌓인 마음의 책이다. 부모를 따라 여행을 왔을 아이들이 바다 위에 떠 있는 것 같다는 생각의 그림을 그렸다.

바다 위에 갑자기 나타나는 모래섬 풀등. 푹푹 빠질 거란 생각과 달리 바닥이 제법 단단하여 내딛는 발걸음도 경쾌하다. 신나게 뛰놀던 아이들이 풀등에서 무언가를 찾아내며 해맑게 웃는다. 생각지도 못한 조개의 등장에 꺄르르거리는 아이들의 웃음소리가 풀등을 넘어간다. 바다에서 솟아난 것인지, 떠내려 온 것인지 알 수는 없지만 아이들과 함께 동심으로 돌아간 나도 맨발로 조개를 줍고 다녀본다.

No 4
잔치는 정을 담아

어떤 이들은 섬이 거기서 거기지 다를 바 없지 않냐 물어본다. 그럴 때면 나는 똑같이 생긴 섬은 단 하나도 존재하지 않는다고 말한다. 70여 개의 섬을 다녀 본 경험을 증거로 제시하면서. 이름은 같아도 다른 역사가 새겨진 바위, 지명은 같아도 붙여진 이유가 다른 산, 사물의 형태를 보고 이름 붙여진 섬도 있다. 섬은 저마다 다른 이야기를 담고 있지만 같은 걸 하나 꼽자면 사람들의 마음 씀씀이다.

그날 소이작도 벌안 해수욕장에는 잔치가 벌어졌다. 어떤 경사였는지는 몰라도 시끌벅적 흥에 겨운 마을 잔치. 마침 눈이 마주친 어르신은 기분이 좋으셨는지 지나가는 나에게 음식을 권한다. 준비해 온 음식이 있어 괜찮았지만, 손사래만 치는 건 예의가 아닌 것 같아 자리를 잡고 앉았다. 덕분에 꼬시래기 냉면도 처음 맛보았다. 꼬시래기는 미역 줄기를 잘라놓은 듯한 꼬들꼬들한 해초인데 이것을 면발에 감아 먹는 이작도식 냉면이다.

자리에 앉은 지 얼마 지나지 않아 잔치는 무르익었다. 흥에 겨운 어르신들은 돌아가며 노래 한 소절씩 뽑으시다 도시 총각 노래도 듣자며 내 등을 떠민다. 막걸리를 두어 잔 얻어 마셔서 그랬을까? 돌이켜 보면 창피함보다는 감사함에 보답하고 싶었나 보다. 정신없이 부르고 내려온 나의 손에는 잔치 고기가 들려 있었다. 기분 좋게 취하신 어르신이 1등 상품이라며 내어주신 것이다.

언제부터였는지 섬에서는 인사를 먼저 하게 된다. 무엇을 바란 것도 아니었고 구태여 좋은 사람을 사귀려고 노력한 것도 아니다. 아마 그들도 그랬을 것이다. 나는 잠시 잠깐 스쳐가는 그것이 사람 사는 것이라는 걸 배운다. 시작은 사소한 인사였지만 섬은 언제나 내게 미소로 답해주었다.

№ 5

자나 깨나 불조심

잔치의 흥이 채 가시지 전에 야영지로 돌아온 나는 또 다른 잔치를 준비했다. 야영의 꽃은 뭐니 뭐니 해도 불멍 아니겠는가. 고기도 고기지만 풀등에서 잡아 온 조개도 구워 먹을 참이었다. 거기다 어르신들이 고기와 함께 먹으라며 챙겨주신 감자도 있으니 기대되는 저녁식사였다.

하지만 한창 무르익었던 그 날의 흥은 한순간에 깨져버렸다. 누가 예상이나 했을까? 황당하게도 그날 나의 의자와 테이블 그리고 텐트에 구멍이 나버렸다. 화롯대의 불씨는 항상 주의하는 편이고, 요리를 준비하려 잠시 뒤돌아봤을 뿐이다. 그런데 갑자기 불어온 돌풍에 숯불 가루가 날아올랐고 옆의 장비들 위로 떨어졌다. 급하게 수습해 보았지만 이미 늦었다. 심지어 멀찍이 떨어져 있던 텐트에까지 될 거라곤 생각도 못했다. 그나마 다행인건 다른 곳에 옮겨 붙지 않은 것이다. 그날 해변에서 불멍을 할 때는 이런 상황도 조심해야 한다는 것을 다시 한 번 깨닫게 되었다. 비록 아까운 장비가 상하긴 했지만 그날따라 이상하리만큼 감자는 더욱 맛있었다. 노릇노릇하게 익은 감자에 소금을 솔솔 뿌려 먹는 맛. 정성들여 가꾼 감자여서 더 맛있었겠지만, 그날 이후 나는 고구마가 아닌 감자를 들고 다니게 되었다. 감자는 소금물에 담갔다가 껍질 째 구워먹어야 맛있다고 알려주신 요령까지도 터득했다.

나는 많은 섬을 돌아다녔지만, 그 섬들이 내게는 모두 달랐고 모든 시간은 특별했다. 그러한 것을 마주함에 사람도 세상도 배운다. 그렇게 일사불란했던 이작도에도 고요함이 찾아왔고 배울게 많았던 이작도 여행의 밤이 깊어간다.

이작도

소이작도
- 낚시터
- 벌안 해수욕장
- 손가락 바위
- 소이작도 선착장

대이작도
- 갯바위 낚시터
- 부아산 구름다리
- 대이작도 선착장
- 작은풀안 해수욕장
- 송이산
- 풀등

- 위치　인천광역시 옹진군 자월면
- 배편　인천 연안여객터미널(1시간 30분)
　　　대부도 방아머리항(2시간)
- 예매　가보고 싶은 섬
　　　(https://island.haewoon.co.kr)

- 야영　대이작도 - 작은풀안 해수욕장 잔디밭(유료)
　　　소이작도 - 벌안 해수욕장 노지(무료)
　　　차박 가능

캠핑 TIP

- 대이작도는 해안자연보호구역으로, 지정된 장소에서만 야영할 수 있다.
- 작은풀안 해수욕장에서는 텐트 당 1만 원의 이용료를 받는다(휴가철 외 비시즌 무료)
- 내열 물통은 접이식이 휴대하기 좋으며, 보통 1L 용량을 2개 가지고 다닌다.
- 착화제가 없다면 화장지에 식용유를 적셔 불을 붙이면 친환경 착화제가 된다.
- 섬 해수욕장 노송 밑에서는 화롯대 사용이 금지된 곳이 있기 때문에 반드시 확인해 봐야 한다.

섬 TIP

- 풀등은 하루 두 번, 썰물 때 이동이 가능하며 작은풀안 해수욕장에서 배를 타고 들어가야 한다.
- 풀등은 해수욕장이나 전망대에서도 볼 수 있다.

BAENGNYEONGDO

ISLAND

№ 1
북한과 맞닿은 섬

문득, 백령도에 가보고 싶다는 생각이 들었다. 이유는 간단하다. 우리나라 서쪽 끝이기에. 북쪽을 제외하고 대한민국의 영토 끝은 모두 섬이다. 그 섬에는 어떤 이야기들이 기다리고 있을까. 지금껏 많은 섬을 다녀왔지만, 우리나라 영토 끝을 돌아본다는 건 좀 더 큰 의미가 있을 것만 같았다. 동서남북의 끝을 모두 다녀오자는 결심이 서자, 더는 망설일 필요가 없었다. 순서는 중요치 않았다. 그 시작을 백령도로 잡았을 뿐이다. 우리나라 영토 끝에서의 백패킹이라니, 이 얼마나 멋진 일인가! 생각만으로도 가슴이 벅차고 떨려왔다.

백령도는 북한을 마주 보고 있어 서쪽 끝이 아닌 서해 최북단으로 불린다. 그만큼 군사적으로도 중요한 곳이다. 그래서일까, 백령도 하면 가장 먼저 떠오른 것이 북한과 해병대 그리고 백령도 앞바다에서 일어난 천안함 피격 사건이었다.
북한의 무력 도발이나 군사 훈련이 시작되면 일반인의 출입이 전면 금지되어 여행 자체가 불가능한 섬이다. 때가 맞지 않으면 가고 싶다고 갈 수 있는 섬이 아닌 것이다. 북한과 마주한 섬, 해병대가 지키는 섬, 그래서 더 기대가 컸던 섬, 내게 백령도는 그런 섬이다.

백령도는 남북 관계의 긴장도외에도 접근이 그리 호락호락한 곳이 아니었다. 항로가 험하기로 악명 높은 섬이었다. 하절기에는 태풍이나 폭우로, 동절기에는 강한 풍랑으로 인해 배편이 자주 결항된다. 출발할 때는 구름 한 점 없이 맑았다가도 항해 도중 급작스러운 날씨 변화로 인해 접안이 어려운 경우도 잦다. 어찌 보면 백령도에 도착하는 것 자체만으로도 굉장한 일을 해낸 것이다.

남북관계와 날씨라는 변수를 모두 극복해야만 도착할 수 있는 섬, 백령도. 백령도를 향한 나의 도전 욕구는 더욱 치솟았고, 하루라도 빨리 가야겠다는 마음이 들게 만들었다. 하지만 봄 출발을 계획했던 나에게, 백령도는 쉽게 문을 열어주지 않았다. 역시나 쉽지 않은 섬이다. 기상 악화 등의 이유로 미루고 미루다 두 계절이 지난 9월 중순에 이르러서야 비로소 용기포 신항에 발을 디딜 수 있었다.

№ 2
깎아 지르는 절벽의 비경

와!! 우리는 외마디 탄성만을 질렀다.
'지금 여기가 한국이 맞는 거야?'
아직도 그 절경이 머릿속에서 잊히질 않는다.
한동안 나의 말문을 막게 했던 풍경,
우리나라에서 볼 수 있을 거라곤 전혀 생각해 보지 못했던 광경,
두무진의 모습이 그랬다.

이곳을 찾아올 수 있었던 건
백령도에서 군 생활을 했다는 지인의 도움이 컸다.
그가 다른 곳은 둘째 치고,
두무진 포구만큼은 꼭 가봐야 한다는 것이다.
이곳의 풍경이 이국적인 건 물론,
우리가 흔히 볼 수 있는 광경이 아니라며 자랑이 대단했었다.

사곶 해변에 야영지를 구축한 뒤 나는 고민 없이 두무진으로 길을 나섰다. 백령도는 서해 끝 다섯 개의 섬 중 면적이 가장 큰 섬이다. 사곶에서 두무진까지는 섬 중앙을 가로질러도 3시간 남짓 걸어야 하는 거리다. 걷기엔 먼 길이었지만, 이것도 추억이라며 우리는 두무진을 향해 내걸었다. 그렇게 두 시간 남짓이 지났을까, 일행들 사이에서 거친 숨소리가 들리기 시작했다. 남은 거리는 체력보강과 시간 단축을 위해

버스를 타기로 했다.

  간간히 산새 소리가 들리는 고요한 마을 길. 아름드리나무 사이를 지나 중간 지점인 보건소 앞 정류장에서 버스에 올랐다.

  바다에서 솟아 오른 듯한 바위들의 해변. 백령도에서 가장 아름다운 규암 절벽 두무진이다. 수억 년 파도에 깎여 만들어진 웅장함은 마치 호주의 '그레이트 오션로드' 해변을 옮겨다 놓은 것만 같았다.

해질 무렵,
해안선 너머로 떨어지는 태양이 반사되어 빛나던 두무진은
 프랑스의 위대한 화가 모네가
강렬한 붓 터치로 그린 작품을 바다에 던져 놓은 듯한 모습이었다.
그 비경은 가히 어떤 섬에서도 보지 못한 신선한 충격이었다.
그뿐만이 아니다.
해안가를 따라 걷다 끝에서 마주치는 선대암에선
파식대에 부딪힌 바닷물이 돌개바람에 솟구친 후 아래로 하얗게 쏟아진다.
마치 한여름에 눈이 내리는 것만 같은 착각을 불러 일으켰다.
이건 밀물 시간대에만 볼 수 있는 현상이라는데 그날은 운이 좋았나보다.
단 한 순간도 지루할 틈 없는 풍경에 취해 돌아보다 어느새 해가 저물었다.
돌아가는 막차를 놓쳐버렸을 만큼.
7시 조금 넘었을 뿐인데 차가 끊기다니
 섬의 하루는 빠르게 끝나는 것 같다.
낯선 곳에서의 어둠은 길을 잃고 헤맬 수 있다.
하지만 지금은 다른 방도가 없으니 걸을 수밖에 없었다.
해가 저물어 어두컴컴한 길에 불빛 하나.
백령도 작은 상점의 문이 열려 있었을 뿐이다.

№ 3
세상에 단 두 곳뿐인 특별한 해변

백령도 선착장에는 작은 수산 시장이 있다. 마을 주민들이 횟감을 싼 가격에 팔며 즉석에서 손질도 해준다. 무엇보다 백령도 바다에서 갓 잡아 올린 해산물이어서 신선하다. 캠핑 음식으로 싱싱한 해산물 요리를 할 계획이라면 이 곳에서 먹거리를 구입해 가도 좋다. 북적이는 장터를 지나 둘러보면 두무진에서나 볼 수 있을법한 작은 규암절벽이 눈에 들어온다. 아담한 모습에도 뿜어져 나오는 기운은 나를 더욱 설레게 했다.

'이 정도면 무난하게 도착했다'라는 말이 채 끝나기도 전에 하늘에서 비가 한두 방울 떨어지기 시작한다. 비는 그칠 기미가 보이지 않았다. 야영지까지는 20분이면 닿을 수 있는 거리니 이 정도 비는 맞아도 괜찮을 것 같았다. 촉촉하게 내리는 비와 살랑살랑 불어오는 바람, 길가에 400년이 넘었다는 소나무가 우리를 환영하듯 가지를 흔든다. 어릴 적 비가 내리는 날 뛰어놀던 개구쟁이가 된 듯 웃고 떠들며 걷다보니 어느새 도착한 사곶 해변.

사곶 해변은 활주로처럼 반듯하게 놓여있었다. 여느 해수욕장과 조금은 다른 모습인데 이곳은 천연기념물로 지정된 곳이다. 모래 해변임에도 바닥이 단단하여 세계에서 단 두 곳밖에 없는 천연 비행장이다. 실제로 전시에는 전투기가 이착륙을 하는 군사시설이다.

№ 4

백령도 공포의 밤

가을의 늦은 밤. 어둠이 짙게 깔리고 잠자리를 준비하던 바로 그때, 해변 너머 칠흑 같은 숲에서 알 수 없는 움직임이 눈에 띄었다. 눈을 의심하며 자세히 살펴보니 그것은 분명한 사람의 모습이다. 일사불란하게 움직이는 불빛. '여기는 백령도. 설마 간첩인가?' 짧은 순간이지만 여러 가지 생각이 든다. 잔뜩 긴장한 상태로 그들의 움직임을 주시했다. 그들은 손전등을 비추며 내가 있는 곳으로 다가오기 시작했다. 곧이어 그들의 낮은 숨소리가 검은 공간을 채운다. 이제라도 신고를 해야 하는 건지 잔뜩 웅크린 나는 숨죽이고 그들을 지켜봤다. 주변을 빠르게 훑는 손전등, 그들이 나를 발견했다. 그리고 나지막이 들려오는 메마른 음성. "백령도의 가을밤은 생각보다 추우니 조심하시고 바다로 나가는 것은 피해주십시오." 이 짧은 몇 마디를 건네고는 이내 사라졌다. 그들은 얼굴에 위장크림을 바른 백령도의 해병대. 허무하게 멀어져가는 군인들을 바라보며 그들을 향해 속으로 짧게 외쳐보았다. '여보세요! 잠깐 무서웠거든요!'

그날 밤, 전혀 생각지도 못했던 일을 겪고 나니 내가 분단국가인 대한민국 서쪽 끝에 와있음을 다시 한 번 알 수 있었다.

백령도는 지리적 특성상 군인들이 불시에 찾아올 수 있으니 놀라지 않았으면 한다. 백령도, 우리나라 대한민국 서쪽 끝 섬. 그날의 아름다움과 아찔함은 몇 해가 지난 지금까지도 잊히지 않고 강렬하게 남아있다.

백령도

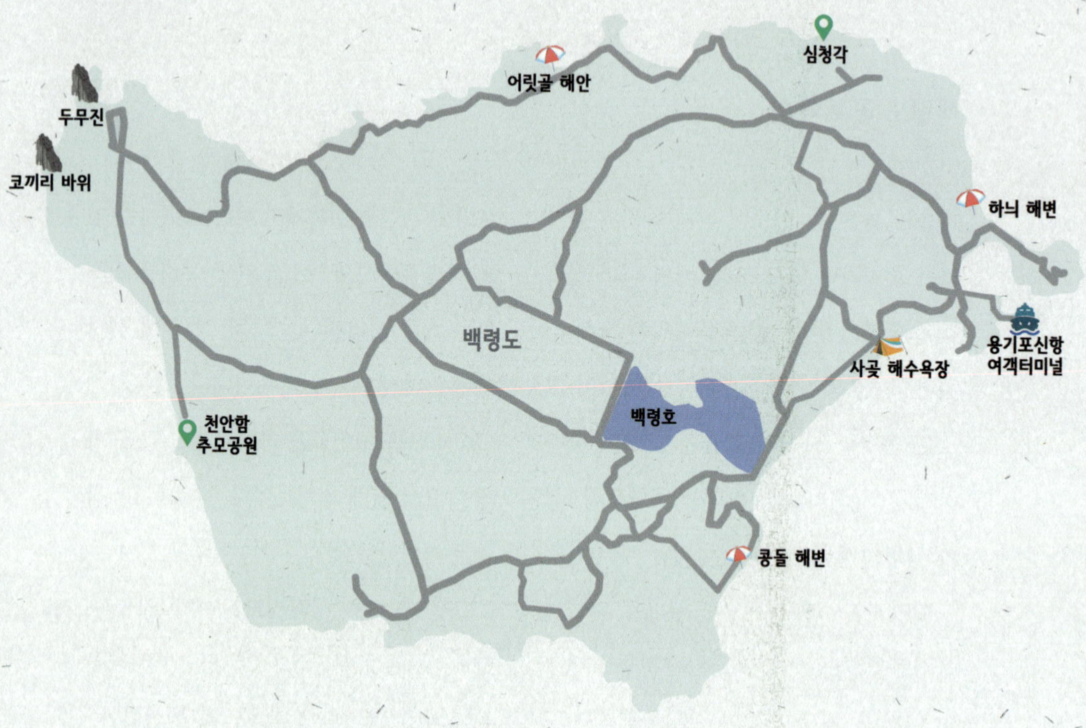

- 위치   인천광역시 옹진군 백령면
- 배편   인천 연안여객터미널(3시간 40분)
- 예매   가보고 싶은 섬
             (https://island.haewoon.co.kr)
- 야영   사곶 해수욕장 잔디밭(무료)

캠핑 TIP

- 야영지인 사곶 해수욕장 잔디밭은 선착장에서 중앙도로를 따라 약 1.5km 거리에 있으며 도보로 약 20분 소요된다.
- 사곶 해수욕장 해안가 끝 정자 앞을 야영지로 구축할 수 있고, 깨끗한 화장실과 개수대가 있다.
- 백령도는 군사지역으로 사곶해변 외에 다른 곳에서의 야영은 모두 금지되어 있다.

섬 TIP

- 인천에는 연안여객터미널과 국제여객터미널 두 곳이 있으며 서로 다른 곳에 위치해 있으므로 혼동하지 말아야 한다.
- 봄과 가을에는 선착장 장터에서 꽃게를 저렴하게 구입할 수 있다.
- 백령도 순환 버스는 오전 9시부터 오후 6시까지 2시간 간격으로 운행한다.

YEONPYEONGDO

아픈 기억을 간직한 섬

연평도

ISLAND

№ 1

아픔의 섬

연평도.
지형이 평평하게 뻗어 있는 섬이라 하여
연평이라 불리게 되었다고 한다.
이 섬은 한때 인천시민이 뽑은 최고의 휴양지였다.
그러나 북한의 미사일 도발로 연평도는 폐허가 되다시피 했다.
지금은 완전히 복구되었고
군사적으로도 보완책이 마련되어 안심하고 여행할 수 있는 섬이다.
하지만 그날 이후
관광객의 발길이 줄어들어 지금까지도 피해가 이어지고 있는 아픔의 섬이 됐다.
그래서 우리는 연평도로 향했다.
지나간 아픔은 함께할 수 없지만
우리의 방문은 그런 소식을 공유할 수 있을 테니까.

№ 2
소연평

연평도는 뭐니 뭐니 해도 꽃게의 섬으로 유명하다. 나는 식도락여행을 좋아하는데 섬에서는 그 지역만의 특산물을 맛볼 수 있어 더 자주 찾아가게 된다. 마치 해외 여행을 갔을 때 현지 음식을 찾는 것처럼 섬에서도 맛있는 먹거리를 찾아다니는 편이다. 더군다나 연평도는 꽃게의 산지가 아니던가. 그 어디보다 꽃게를 싸게 구할 수 있지 않을까 하는 기대감도 있었다. 하지만 중국 어선의 불법 조업으로 씨가 말랐다는 소식을 들을 터라 기대 반 걱정 반의 마음이 들었다.

소연평도 선착장에는 동네 할머니들이 오순도순 모여 계셨다. 보통은 대연평도로

여행을 가기 때문에 이 작은 섬으로 관광객이 찾아온 것은 드문 일이란다. 그런 우리가 신기했던 것인지 아니면 반가운 것이었는지 어디로 가는지, 무엇을 할 건지 번갈아 가며 끊임없이 물어왔다. 할머니들과는 오래 본 사이처럼 편안하게 이야기를 나누었다. 몇 해 전 폭격의 아픈 이야기도 이제는 다 아물었다며 덤덤하게 말을 이어갔지만, 그날의 흔적을 말하는 얕은 한숨 뒤에는 아픔이 설핏 보이는 것만 같았다.

화제를 바꾸러 꽃게에 대해서도 물어봤는데 예상했던 대로 금값이다. 포기하고 길을 나서려는데 꽃게는 저기 저 양반한테 가보라며 가리킨다.

그곳에는 한 어부가 그물을 손질하고 있었다. "혹시 꽃게가…" 그는 내 말이 채 끝나기도 전에 어제 잡아 둔 게 남았는지 확인해 보겠단다. 아마 할머니들과의 대화를 들었나보다. 얼마 지나지 않아 어부는 꽃게를 한 아름 챙겨왔다. 어림잡아 열 마리는 넘어 보이는 양을 터무니없이 저렴한 가격에 내어주었다. 거기다 아침에 잡았다며 병어, 주꾸미, 새우까지 챙겨주어 몸 둘 바를 모르겠는데, 오랜만에 찾아온 섬 손님이라 후하게 내준 거니 맛있게 먹고 가라는 것이다. 꽃게의 가격이 비싸다는 것을 알고 있었는데도 그는 한사코 꽃게 위에 정도 듬뿍 얹어 주었다.

№ 3
대연평

이튿날 대연평도에 도착하자마자 정비할 것이 많았다. 예상보다 큰 마트에서 식수도 보충해야 했고, 음식도 마련해야 했다. 모든 준비를 끝마치고 난 후 가래칠기해변으로 넘어가기 위해 버스를 타려 했지만 아무리 기다려도 오지 않았다. 그러다 불현듯 떠오르는 섬의 버스 운행 간격. 그랬다. 대연평도 버스는 배가 들어오는 시간에 맞춰 딱 10분만 승객을 기다리고 바로 출발한다. 공교롭게도 대연평도로 들어오는 배는 하루 1회뿐이다. 당연히 버스도 딱 1회만 운행한다. 지도를 살펴보니 선착장에서 야영지를 구축할 해변까지는 약 4km이고, 배낭을 멘 걸음으로 1시간 30분이 소요되는 거리였다.

오래 걸어야하니 체력도 보충할 겸 들어간 식당에서 주인장이 어디로 가는지 묻는다. 가래칠기로 간다는 말에 걷기엔 멀다며 데려다주겠다는 한마디만 던지고 주방으로 들어가 버린다. 식사를 끝내고 가래칠기로 가는 길에서 이어지는 그의 또 다른 한마디. "이것도 인연인데 내일 아침에 올 테니 늦지 않게 나오세요."

'정' 참 고마운 단어다. 그동안 난 사람과 사람 사이는 내가 만들어 나가는 것이라 생각했다. 하지만 섬에서는 감사한 일들이 마법처럼 번쩍하고 이어진다. 언제 어떻게 나타날지 모르는 관계의 마법. 언제까지 이어질지는 아직 모르겠지만 그래도, 그래서, 그날의 정을 다시금 기억해본다.

연평의 바다

소연평도 동네끼미 해변은 몽돌해변이다. 혹시나 하는 마음에 얼굴바위까지 찾아가 보았지만 마땅한 곳은 찾을 수 없었다.

몽돌 위에서 야영지 구축은 까다로운 편이지만 할 수 없는 것은 아니다. 텐트는 몽돌 위에 강철팩으로 고정하기 어려우므로 로프를 바위에 묶어 설치하는 것이 요령이다. 울퉁불퉁한 바닥에 테이블을 자리 잡기 어렵다면 바닥까지 돌을 걷어내면 그만이다. 하지만 몽돌을 걷어낸다고 해도 얇은 매트는 불편하니 되도록이면 단단한 에어매트를 사용하는 것이 좋다.

해가 지는 대연평의 가래칠기 해변은 오석을 끼고 앉은 병풍바위의 해변이다. 이곳에 누가 이리도 예쁜 돌을 던져두었을까? 오색빛깔 자갈은 바닷속에서도 영롱하게 빛난다. 금방이라도 꺼져버릴 것 같은 하늘은 어느새 밤을 부른다. 잠자리를 준비하는 산새들의 지저귐도 잦아든 숲. 소리 없는 나그네는 자연과 하나되어 조심스레 잠이 든다.

일반인에게 공개된 지 얼마 안 된 구리동 해변은 바위에 앉은 갈매기가 우리를 반길 뿐, 찾는 이가 하나 없는 곳이다. 여기는 바닷길 섶 술퍼랭이가 수크령과 짝을 지어 해변을 덮고 있었다. 이름을 알 수 없는 노란 봉오리는 속살을 훤히 내보이고, 나비를 부른다. 구리동은 오랜 세월 손타지 않은 은빛 모래를 담고 있다. 외로이 서 있는 군막사가 지키는 곳. 여기까지 오기 위해 세 개의 해변을 걸었고, 나는 지금 연평의 바다 끝에 닿았다.

№ 5
애국심

대연평도에 오면 잊고 있던 애국심이 절로 생긴다. 민간 지역에 무차별 포격을 가해 사상자를 만들어낸 사건, 여기에는 연평도 포격전의 흔적이 고스란히 남아있다. 여행이라는 게 예쁜 것을 보는 것도 좋지만 때로는 섬의 역사에도 가슴이 울린다. '애국심' 전에 독도를 찾았을 때 경례하던 군인들을 바라보며 눈물이 났던 것처럼…. 평화공원으로 향하는 나무 계단 하나하나에 새겨진 태극기에 가슴이 아린다. 그곳에는 치열했던 해전에서 나라를 지키다 죽어간 이들을 기리는 위령탑이 있다.

잘 알고 있지만 잠시 잊고 있었던 단어, 애국심. 비석에 새겨진 글귀가 나의 머리를 먹먹하게 만들었다.

그렇다고 해서 평화공원의 분위기가 무겁기만 한 장소는 아니다. 전망대는 말끔하게 정돈되어 있고, 쉬어가는 공간도 마련되어 있어 섬을 감상하기에 좋다. 연평도는 서해의 사진 대회가 열릴 만큼 낙조가 아름답기로 으뜸인 곳이다. 그리고 바로 우리가 찾아온 평화공원이 노을을 감상하기에 최적의 장소다.

돌아오는 태극기 계단에 앉아 잠시 지난 이틀을 회고해 본다. 내가 오늘 이 섬에서 써 내려간 것은 '사람과 사람' '정' 그리고 '애국심'이다. 잊지 말아야 할 소중한 단어들이다.

나는 지금까지도 여행이라는 것을 알아가고 있는 단계다. 생각해보면 여행은 수많은 세계관이 존재하는 소설인 것만 같다. 같은 섬에서 어떤 이는 야생화가 기억에 남았을 것이고 어떤 이는 바위가, 또 어떤 이는 해변이 각인 되었을 것이다. 어쩌면 여행은 각자가 좋아하는 것을 찾아 추억을 쌓아 가는 것이 아닐런지. 아주 작은 것들에도 감격해 왔던 순간들. 사람마다 써 내려가는 이야기는 다르겠지만 나는 아직 적지 못한 이야기를 찾아 다시 떠난다.

연평도

- 위치   인천광역시 옹진군 연평면
- 배편   인천 연안여객터미널 (2시간 20분)
- 예매   가보고 싶은 섬
  (https://island.haewoon.co.kr)
- 야영   소연평도 - 동네끼미 해변 몽돌(무료)
  대연평도 - 가래칠기 해변 데크(무료)
  구리동 해변 노지(무료)

캠핑 TIP

- 동네끼미 해변은 길 아래로 뚝 떨어진 곳에 위치해 있으니 잘 살펴보아야 한다.
- 대연평도 가래칠기 해변의 데크는 화장실 건너 편 안쪽 아래에 있다.
- 서해 5도는 북한에 인접한 최전방 지역으로 남북 간에 군사적 긴장이나 무력 도발이 발생하면 전 지역에서 야영이 금지된다.
  ※ 서해 5도: 북한과 인접한 다섯 개의 섬. 연평도, 백령도, 대청도, 소청도, 우도

섬 TIP

- 동네끼미 해변에는 물이 빠지면 골뱅이와 소라가 아주 많이 나온다.
- 가래칠기 해변과 구리동 해변은 일몰 후 바닷가로 나가는 것이 금지되어 있다.
- 서해 5도는 평일 방문 시 배 삯의 50%를 할인해 주는 행사를 자주 한다.

어서 와, 캠핑은 처음이지?

캠린이 필수 준비물

초보자가 가장 궁금해 하는 것은 장비의 준비다. 기본 장비는 텐트, 침낭, 매트, 의자, 식기이며 버너, 테이블, 용품은 여행을 다니면서 필요할 때 구매해도 된다. 여기에 배낭만 추가하면 백패킹 준비물도 완성된다.

위 두 가지 야영 방식의 가장 큰 차이점은 야영지에 차로 도착하느냐와 걸어서 도착하느냐이다.

오토캠핑은 크고, 편리한 용품들을 차에 싣고 필요한대로 준비해 갈 수 있는 장점이 있다. 가족 단위 이용자가 많고, 원하는 것은 대부분 가능한 풍족한 야영을 할 수 있다.

백패킹은 오토캠핑보다 차량의 필요성이나 장소의 제약을 상대적으로 덜 받는 편이어서 야영이 금지된 곳만 아니라면 어디라도 갈 수 있다. 백패킹은 모든 용품을 배낭에 넣어야 하는 특성상 경량 제품으로 준비하는 편이다.

미니멀캠핑은 오토캠핑과 백패킹의 장점을 취합하여 다니는 것이다. 예를 들어 설치와 철수가 편리한 백패킹 장비로 이동이 편리한 오토캠핑을 하는 것이다.

처음부터 고가의 장비를 구입하다 보면 나와 맞지 않는 장비를 선택하거나 어쩔 수 없이 사용하게 되는 경우도 생긴다. 때문에 장비 대여점을 통해 체험해 보거나 지인이나 동호회를 통해 먼저 사용해 보는 것도 큰 도움이 된다.

장비 구입 예산은 미리 정해두고 준비하는 것이 좋다. 예를 들어 50만 원 내에서 구입할 계획이면 가급적 이 기준선을 넘기지 않는다. 장비라는 것이 욕심대로 늘리다 보면 그 상한선이 거의 없다고 봐도 무방할 정도로 끝이 없다. 천천히 계획적으로 장비를 늘려가야 한다.

백패킹 초기 예산은 30만~50만원, 캠핑 초기 예산은 약 50만원~ 80만원이 평균이다.

1. 텐트는 천천히 구입하거나 빌려도 된다.

오토캠핑이나 백패킹에서 가장 큰 금액을 차지하는 품목이 텐트다. 가격이 비싸기도 하지만 개인마다 우선적으로 고려하는 부분이 다르기 때문에 처음부터 구매하기보다는 지인이나 장비 대여점을 통해 설치와 사용을 해본 후 선택하는 것이 후회가 없다.

오토캠핑 텐트

- 브랜드와 전실의 크기, 이너 텐트의 크기를 중요시 한다.
- 4인이 사용할 예정이라면 6인용이나 8인용으로 구입해야 좁지 않고 공간의 여유가 생긴다.
- 전실의 사이즈는 3m~5m 사이를 선호하고, 쉘터와 이너 텐트는 따로 구입해도 된다.

백패킹 텐트

- 알파인 텐트로 부른다. 무게, 부피, 편의성에 따라 텐트를 선택하는 것이 좋다.
- 1~2kg 텐트

  작고 가벼워서 접었을 때에도 배낭을 적게 차지하고 가벼움을 선호하는 타입
- 3~5kg 텐트

  크고 무겁더라도 안정적으로 설치되어 각이 잘 잡히는 텐트를 선호하는 타입

텐트 내수압

- 내수압

  비가 내리는 양에 따라 견디는 방수력을 말한다. 2,000mm~3,000mm정도를 추천한다.
- 나들이용 텐트

  내수압이 500mm~800mm정도로 낮은 편이어서 캠핑용으로 부적합하다.
- 캠핑용 텐트

  1,000mm~3,000mm 사이가 알맞으며 1,000mm가 보통 비를 견디는 기준이다.

※ 보통 비 : 시간당 2.5mm~ 7.6mm 정도로 가랑비보다 약간 강한 비

2. 침낭은 어떤 것을 준비해야 하나?

일반적으로 침낭은 봄, 여름, 가을 삼계절용과 겨울에 사용하는 동계용이 필요하다.

침낭의 가격을 결정하는 것은 충전재의 종류이다.

- 웰론 소재 침낭은 가성비가 좋다.
- 오리털·거위털을 사용한 침낭은 패킹 부피가 작고 뛰어난 보온성 때문에 많은 사람들이 선호하지만 웰론에 비해 가격이 비싸다.
- 삼계절용은 충전재의 무게가 500~800g을, 동계는용은 800~1,200g을 선호하며 여름에는 얇은 이불로도 충분하다.

침낭의 필파워(fill power)는 제품을 펼쳤을 때 부풀어 오르는 복원량의 차이다.

- 압축 시 같은 사이즈라 할지라도 필파워가 높은 제품이 펼쳤을 때 더 부풀어 오른다.
- 필파워가 높을수록 깃털 사이에 더 많은 공기를 품을 수 있어 열전도를 차단하는 공기막을 크게 형성하여 더 따뜻하다.
- 같은 필파워라 하더라도 날개 깃털보다 가슴 솜털 함량이 높은 침낭이 더 가볍고 압축할 때 사이즈가 작다.

- 침낭 선택 시 각 털의 충전 비율과 무게를 따져 보아야 한다. (솜털9 : 깃털1)

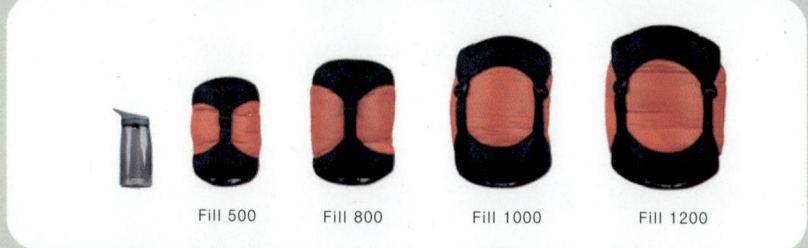

오토캠핑은 침낭보다 난로의 성능을 더 중요시 한다.

- 겨울에는 많은 캠퍼들이 난로를 사용하므로 가성비가 좋은 웰론을 선택하는 경우가 많다.
- 전기난로, 등유난로, 하이브리드 난로 등 선택의 폭이 넓다.

백패킹에서는 압축 사이즈와 무게에 따라 선호하는 제품이 나뉘게 된다.

- 거위털이나 오리털이어도 각자 성향에 따라 좀 더 작고 가벼운 제품을 선택하거나 조금 더 무겁더라도 따뜻한 제품을 선택하기도 한다.

※ 침낭 사용 시 참고사항

- 해가 떨어지면 핫팩을 미리 터트려 침낭 안에 넣어 두면 따뜻한 잠자리를 맞이할 수 있다.
- 핫팩이 피부에 닿으면 저온 화상을 입을 수 있으므로 양말 등에 넣어 두는 것이 좋다.
- 사용 방법에 따라 필파워 1,000의 침낭을 가지고도 춥게 잠들거나 필파워 600짜리의 침낭을 가지고도 따뜻하게 잠들 수 있다. 침낭에 들어가면 지퍼를 끝까지 올리고 침낭 헤드에 머리를 넣어 조여 주어야 침낭의 성능을 온전히 활용할 수 있다.

3. 매트는 꼭 필요한가?

초보자는 매트를 대수롭지 않게 생각하는 경우가 있다. 매트는 바닥의 습기와 한기를 차단하는 역할을 한다. 아무리 비싸고 필파워가 높은 침낭을 사용하여도 매트가 동반되지 않으면 그 성능을 제대로 발휘할 수 없게 된다.

발포매트

- 저렴하고 사용이 편리하다.
- 부피가 크고 바닥에서 올라오는 한기를 차단하기 어렵다.

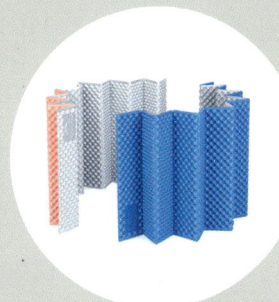

에어매트

- 한기 차단력이 우수하고 압축 부피가 작다.
- 알벨류(R-Value)가 높은 제품을 선택하는 것이 좋다.
- 발포매트에 비해 가격이 비싸고 설치에 시간이 걸리는 단점이 있다.

자충매트

- 발포매트와 에어매트의 중간 포지션으로 보면 된다.

- 공기 주입구를 열어두면 자연스럽게 80~90%까지 스스로 공기가 충전이 된다.
- 접었을 때 발포매트 보다는 부피가 작지만 에어매트 보다는 크다.
- 한기를 차단하는 기능도 발포매트와 에어매트 중간이다.

알벨류(R-Value)

- 한기를 차단하는 기준선이다.
- 발포매트의 알벨류가 1이라면 자충매트는 2~3사이이며, 에어매트는 3~5정도이다. 수치가 높을수록 한기를 차단하는 효과가 좋다.
- 오토캠핑은 발포매트와 자충매트, 백패킹은 자충매트와 에어매트를 선호한다. 고가의 자충매트는 에어매트의 알벨류를 상회하기도 한다.

4. 캠핑 웨건과 배낭은 어떤 것을 준비해야 할까?

캠퍼는 차량과 웨건에 짐을 담아 나르며 백패커는 배낭에 모든 것을 담아 다닌다. 캠핑, 산행, 도보여행 등 목적에 따라 종류가 달라지긴 하지만 정답이 정해진 것은 아니다. 각자의 스타일대로 준비하면 된다.

웨건

브랜드와 짐을 실을 수 있는 용량에 따라 결정을 한다. 브랜드에 따라 가격이나 외관의 디자인이 달라 보이지만 대부분 해외 OEM 으로 기본 골격의 구조가 비슷하다.

배낭

자신의 체형에 잘 맞는 제품을 찾아야 하는데 시행착오를 많이 겪는 부분이기도 하다. 자신이 짊어질 수 있는 무게와 부피에 따라 선택한다.

- 여성은 10kg~15kg 정도로 30L~55L급의 배낭을 선호한다.
- 남성은 15kg~25kg 정도로 50L~80L급의 배낭을 선호한다.

5. 오토캠핑과 백패킹을 모두 즐기고 싶다면 상호 호환이 가능한 제품도 좋다.

- 오토캠핑 전용 테이블과 의자는 크고 편안한 제품을 선호하여 배낭에 넣는 것이 어렵다.
- 백패킹 전용 테이블, 의자, 텐트, 용품들은 오토캠핑 시에도 대부분 사용이 가능하다.
- 버너, 랜턴, 기타 집기 등은 천천히 구매해도 된다.
- 일반적으로 1박에 1인당 식수 2L를 준비하며, 수분 섭취나 요리를 하는 경우에 쓰인다.

오토캠핑용과 백패킹용으로 장비를 구분하여 따로 준비해도 된다. 야영이 재밌어지고 용품을 추가하다 보면 무게와 부피가 늘어나기도 하며, 반대로 더 가볍고 부피가 작은 장비를 선호하는 방향으로 나아가기도 한다.

꼭 기억하라. 장비보다 먼저 필요한 것은 새로운 것에 도전 할 수 있는 마음이다.

PART 2

가볍게 가도 괜찮아

SINDO·SIDO·MODO

ISLAND

№ 1
형제의 섬

세 개의 섬.
신도, 시도, 모도는 각각의 섬이다.
하지만 섬과 섬을 잇는 다리가 놓인 뒤로 신시모도라 불린다.
물론 다리로 연결되었다고 하나의 섬이 되는 건 아니지만
예전부터 사람들은 그렇게 부르곤 했다.

　　신시모도는 수도권에서 바쁜 시간 멀리 가고 싶지는 않을 때 손쉽게 찾아갈 수 있는 섬이며, 백패킹을 경험해 보고 싶은 사람들이 연습 삼아 가도 좋을 만큼 편한 섬이다. 무엇보다 수기 전망대는 코스가 쉬우면서도 예쁜 뷰 포인트로 백패커들에게 인기가 많은 곳이기도 하다.

길 위의 노래

나는 시도를 가면 수기 해변 전망대에서 야영을 하곤 한다. 선착장에서 버스를 타고 가면 가까운 거리라 부담도 없다.

그날은 오토캠핑만 다녔던 친구와 함께 걸어가기로 했다. 평지로 1시간 10분, 산길로 20분. 백패킹 도보 여행을 경험해 보고 싶다는 그에게 안성맞춤인 길이다. 난이도가 다소 낮은 코스지만 우린 가벼운 스트레칭으로 몸을 풀어준 후 걷기로 했다. 초보자가 아니어도 이런 습관은 지니는 것이 무릎 건강에 도움이 된다. 백패커들 사이에서 전설적으로 내려오는 한마디 '무릎 연골은 남아 있을 때 지키자'를 되새기면서 한껏 들뜬 사람들 사이로 첫발을 내디뎠다.

햇살은 선착장 위로 반짝이고
바람을 타고 온 파도는 새하얀 물보라를 일으키며 우리를 반긴다.
수기 해변으로 향하는 길.
대지는 봄의 정령 아카시아의 향기를 품었다.
그 길이 그랬다.

바람이 불어오는 곳~♪ 그곳으로 가네~~♪ 🎵
햇살이 눈부신 곳~♪ 그곳으로 가네~~♪ 🎵

봄바람을 타고 살랑살랑 귀를 간질거리는 노래 한 소절.
길 위에 김광석의 노래가 울려 퍼진다.
누가 틀었는지는 몰라도 다함께 입을 모아 흥얼거린다.
입에는 꽃잎 하나 물고 우리를 맞이하는 작은 다리를 건넌다.

여기부터 시도다. 여기는 꼭 섬이 아닌 것만 같다. 보이는 곳마다 포도와 벼를 많이 키워서인지 어촌 아닌 농촌 같은 모습이다. 이곳에선 멀리 강화도가 어렴풋이 보인다. 여기에는 기이한 이야기가 전해져 온다. 강화도에서 군사훈련을 하던 태조 이성계는 시도의 표적을 향해 활을 쏘았고, 이것이 시도에 꽂혔다는 이야기다. 눈도 좋아야겠지만 도무지 믿어지지 않는 활 솜씨는 가늠조차 되지 않는다. 사실이 아닌 것 같은 사실이다.

№ 3

수기 해변

신도 선착장을 출발한 나는 꽃바람과 함께 수기해변에 닿았다. 이곳에서 전망대까지는 금방이다. 하지만 그날 전망대에는 예상치 못하게 다른 이들이 이미 자리를 잡고 있었다. 생각이 많아진다.

이제 선택지는 두 가지다. 수기 해변으로 내려가던가, 전망대 근처에서 야영을 하던가. 다행히도 전망대 주변에는 텐트를 설치할 수 있는 장소가 많다. 기왕 여기까지 왔으니 자리를 잡아볼까 싶었지만, 예상치 못한 일을 겪은 터라 다른 변수는 만들고 싶지 않아 다시 해변으로 발길을 돌렸다.

수기 해변에는 이미 빨주노초파남보 무지개 색 텐트들이
예쁨을 경쟁하듯 자리를 잡고 있었다.
우리도 한 편에 자리를 잡아 텐트를 쳤다.
어느새 솜처럼 폭신한 백사장과 파란 바다는 사라지고
까만 갯벌이 그 모습을 드러내며 나를 부른다.
'기다려라. 갯벌의 왕자가 돌아왔노라.'

그런데 갯벌로 나간 사람들의 모습이 다른 갯벌과는 사뭇 다르다. 어찌된 일인지 그들은 삼삼오오 모여 바닥을 훑고 있었다. 더 의아한 것은 갯벌 중앙에 떡하니 놓여있는 작은 방파제다. 파도를 막기에는 무용지물 같아 보이는 것이 쉬이 이해가 안 되는 모습이었다. 궁금함을 이기지 못하고 달려간 곳에는 새우와 꽃게 그리고 물고기가 한가득 잡혀있었다. 해산물을 말 그대로 주워 담는 진기한 광경이다. 옆에 있던 어르신은 이게 독살이란다.

해안에 돌을 ㄷ자나 반원 모양으로 쌓아 밀물 때 들어온 물고기가 물이 빠질 때 나가지 못하게 하여 잡는 독살 낚시. 옛날 방식 그대로 이어져 내려오는 전통 낚시법이다. 신시모도의 갯벌. 양손 가득 잡은 걸 쥔 사람들의 얼굴에는 행복함이 가득하다.

№ 4
백패킹을 말한다

사람들은 내게, 여행을 가면서 왜 커다란 배낭을 메고 힘들게 가는지 묻곤 한다. 경험해 보지 않고서는 내가 가는 여정이 고될 거라 어림짐작하겠지만, 실제로는 생각하는 것만큼 힘들지 않다.

 차로 갈 수 없는 곳에서 생생한 자연을 마주하기도 하고, 길가에 피어 있는 들꽃과 마주하다 보면 금방이다.

 그리고 야영지에서 조금만 뚝딱하면 하룻밤 묵을 집이 지어진다. 마음만 먹으면 10분이 채 되기도 전에 주방도 만들어 식사도 가능하다.

 섬 백패킹, 때로는 가볍게 가도 괜찮다.

친구는 궁금한 게 많았다. 항상 내게 전해 듣던 백패킹에 대해. 물 없이 설거지는 어찌하는지, 씻는 것은 어떻게 해결하는지, 그리고 화장실은?

그런 그에게 나는 무심히 물건 하나를 던져주었다. 얼떨결에 받아든 그가 잘 모르겠다는 표정으로 나를 바라본다. 내가 건넨 건 다름 아닌 물티슈다. 별거 아닌 거 같겠지만 백패킹에서 물티슈는 만능이다. 없어서는 안 될 필수품이다. 이걸로 모든 것을 다 할 수 있다. 세수는 물론 설거지와 청소까지 전천후 캠핑 장비인 셈이다. '백패킹 와서 목욕은 물티슈로 하는 거라고 배웠어요.'라는 우스갯소리가 있을 정도이니 무슨 말이 더 필요할까.

물론 수기해변처럼 개수대가 있는 해수욕장에서는 필요가 없다.

하지만 어찌된 영문인지 그날따라 수기해변에서는 물이 나오지 않았다. 다행인지 불행인지 그에게는 백패킹의 모든 것을 체험해 볼 기회가 생긴 것이다. 초보에게는 쉽지 않았을 그날의 백패킹이 친구는 퍽 맘에 들었나보다. 백패킹에서만 아니라 일상생활에서도 물티슈가 없으면 못사는 처지가 되었단다.

물론 야영지에서 사용하고 남은 물티슈는 가지고 돌아온다. 국물 하나 밥알 하나 남기지 않고 아니 온 듯 다녀가는 것, 이런 것들을 사소하다고 간과한다면 우리는 좋은 야영지를 잃어버릴 것이다.

№ 5

버들 선생

모든 것이 신기했던 여행의 마지막 날.
우리는 모도의 배미꾸미 해변에 있는 조각공원을 찾았다.
공원은 어른들을 위한 조각들이 전시되어 있었다.
그렇다고 지나치게 선정적인 것은 아니다.

조각가 이일호 선생의 작품들이 해변을 따라 전시되어 있는데, 솔직히 아직도 이것이 무엇을 의미하는지는 정확히 알진 못한다. 하지만 이런 것을 가타부타 따질 필요가 있을까? 우린 그저 편안하게 감상을 하러 온 것이다.

이곳에서 가장 눈에 띄는 것은 역시 '물에 빠진 버들 선생'이다. 선생의 모습은 한눈에도 왜 그렇게 이름 지어졌는지 이해가 된다. 마치 버드나무가 갓을 쓴 듯한 모습.

굵은 철사만으로 어떻게 이런 모습을 만들었을까? 바닥까지 늘어진 가지가 바람에 흔들리면 잔잔한 파도 소리와 함께 맑은 음이 배어나온다. 찰랑대는 다듬어지지 않은 음률이 어지러운 나의 마음을 흔들어 되레 나를 차분히 만든다.

물에 빠진 버들 선생에 걸맞은 모습을 보기 위해선 밀물 때를 기다려야한다. 나는 모도 해변의 작은 카페테라스에 앉아 짠내 가득한 바닷바람을 맞으며 버들선생을 기다려본다.

섬에서 기다림은 흔한 일이다.
배를 기다리는 일, 맑은 날을 기다리는 일,
그리고 낚시와 해루질도 모두 기다림이다.
때로는 하염없이 아무런 생각도 없이 기다릴 때도 있었다.
아무것도 아닌 것 같아도 기다림은
나를 들여다보게 하는 시간을 만들어 준다.

버들 선생을 기다리며 앉아있는
이곳은 모도이면서 신도이고 시도다.
가깝거나 혹은 멀거나,
떨어져 있었으나 연결 되어 있는 것,
날 때부터 지금까지 삶의 일부가 되어 쉬이 포기할 수 없는 것,
그것이 형제가 아닐까.

여기는 삼형제라 불리는 섬이다.

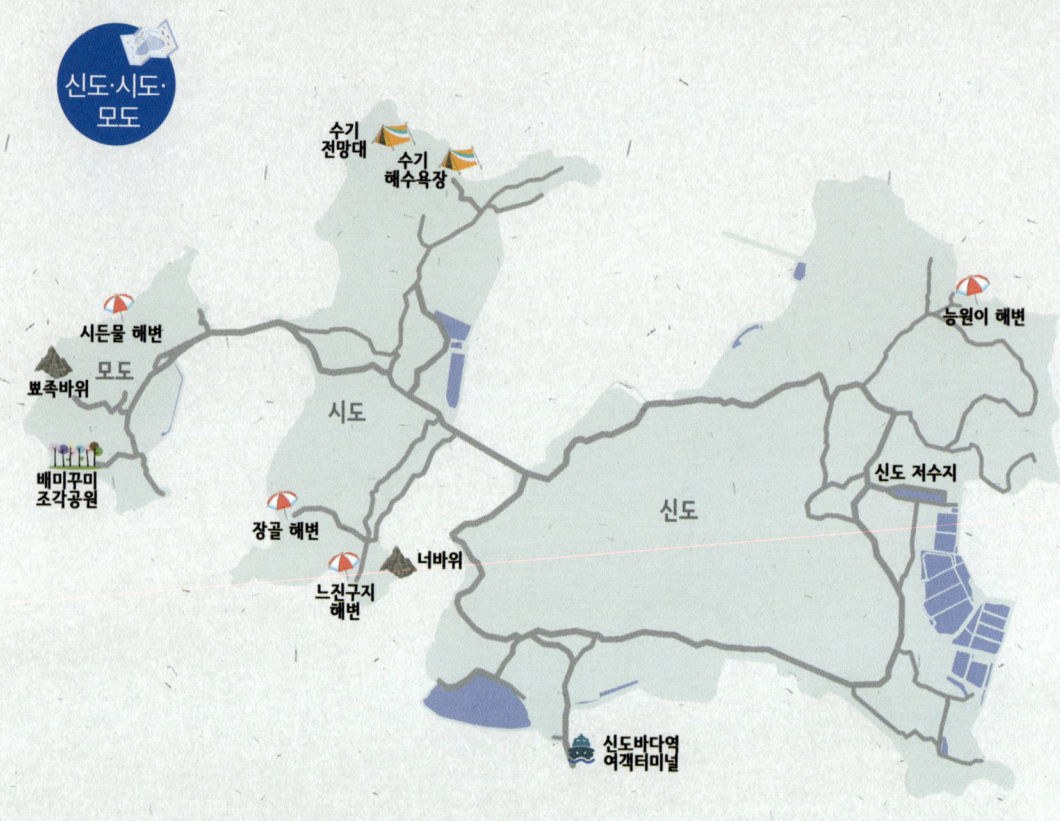

- 위치   인천광역시 옹진군 북면
- 배편   영종도 삼목 선착장
         (매시 10분 출발/10분)
- 예매   현장 예매
- 야영   수기 해수욕장(유료/ 비시즌 무료)
         수기 해수욕장 전망대 인근 노지(무료)
         차박 가능

캠핑 TIP

- 수기 해수욕장 카페 앞으로 이어진 등산로를 타고 오르면 전망대 근처에서 캠핑을 할 수 있다.
- 수기 해수욕장 중앙에는 오가는 사람이 많으므로 오른편 정자 옆자리로 야영지를 구축하는 것이 좋다.

섬 TIP

- 선착장에 마을버스가 기다리고 있다. 버스를 탑승하면 신도, 시도, 모도를 차례대로 순환하며 내려준다.
- 시도 선착장에서 마을 특산 해산물을 구매할 수 있다.
- 수기 해수욕장에는 편의점, 개수대, 화장실, 카페 등의 편의시설이 있다.
- 수기 해수욕장 왼쪽 갯벌에는 자연산 굴이 많다.
- 배미꾸미 조각공원의 입장료는 2,000원이며 주차비는 무료다.

DAENANJIDO·SONANJIDO

차박의 성지

대난지도·소난지도

ISLAND

№ 1
차박

모든 것은 그대로였다. 달라진 것이 있다면 예전에는 백패킹으로 찾아왔었지만, 이번에는 차를 가지고 섬으로 들어간 것이다. 차박을 하기 위해서다. 캠핑을 간편하게 가고 싶을 때 차박을 즐기는 편이다. 사실 나의 차박 이유 중 가장 큰 것은 캠핑은 가고픈데 귀차니즘이 발동될 때다. 캠핑 장비를 하나하나 챙기는 게 귀찮을 때, 복잡한 장비를 설치하고 싶지 않을 때 차박을 택한다.

캠핑을 할 때 사람들이 가장 번거롭다고 느끼는 것이 텐트 설치와 잠자리를 만드는 것이다. 차박은 이 두 가지를 간편하게 만들어준다. 차량용 텐트와 매트 덕분이다. 트렁크에 폴대 하나만 연결해도 쉘터가 완성되고, 의자 위에 매트 하나만 펼치면 금세 잠자리가 만들어진다. 한순간에 잠자리가 뚝딱 완성되니 이 얼마나 편리한가.

이런저런 장비를 챙기지 않고 의자와 테이블만 펼쳐 두는 것만으로도 차박이 된다.

때로는 비우는 것이 더 어려울 때가 있다. 잠시나마 머리를 쉬게 해주는 것, 바퀴 닿는 곳 어디든 갈 수 있는 것이 차박이다.

№ 2
야영 금지

처음 대난지도를 찾았던 날, 즐거운 마음으로 걸어온 해변에는 야영을 금지한다고 안내되어 있었다. 그동안 여기를 어떻게 썼으면…. '나 하나는 괜찮겠지'라는 생각은 결국 모두가 사용을 못 하게 되는 결과로 이어진다.

예상치 못한 상황에 급하게 해변을 대신할 야영지를 찾아야했다. 이럴 때면 난 섬 주민에게 추천을 받는다. 섬 주민만큼 섬에 대해 잘 아는 사람은 없을 뿐더러, 돌발 상황 때 주민의 도움을 받으면 언제나 해결이 됐다.

이번에도 역시 근처의 매점에서 인근에 캠핑장이 있다는 것을 알게 되었다. 뒤에 보이는 산에서 캠핑을 할 수 있다는 고급 정보까지 얻었다. 매점에서 알려준 산의 정자 옆에는 사람들이 이미 캠핑을 즐기고 있었다.

여기는 정자를 기준으로 양 옆에 자리를 잡으면 독립적인 공간이 되는 곳이다. 뒤로는 커다란 소나무들이 그늘을 만들어주고 옆으로는 바람을 막아주는 이상적인 야영지다. 거기다 앞은 훤히 뚫려있어 바다가 한 눈에 보이는 풍경까지 멋들어진 자리다. 그렇다고 정자 위에 텐트를 설치하는 건 금물이다. 나무 데크에 지붕까지 있어 더없이 좋아 보이겠지만, 이곳은 엄연히 모든 사람이 이용하는 장소다. 그러니 정자를 오가는 길을 피해 텐트를 설치하는 것이 좋다.

그곳은 한 눈에 보기에도 완벽한 자리였다. 하지만 내 캠핑장비는 산 아래에 있었다. 짐을 챙겨 다시 올라오기엔 제법 부담스럽기도 하여 난 해변을 벗어난 노지에 돗자리를 펼치고 앉았다. 결국 그날은 날파리와 사투를 벌이며 비박을 해야 했다.

두 번째 대난지도를 방문했을 때는 캠핑장에 자리를 잡았다. 관리가 잘 되는 곳이라 그런지 다행히 날파리나 모기는 볼 수 없었다.

캠핑을 즐기는 사람이 늘면서 캠핑장 또한 많이 생겼는데 편의시설이 만족스럽지 못한 곳들도 더러 있다. 개수대가 고장나 방치되어 있거나 샤워 시설이 빈약한 곳, 화장실이 관리되지 않는 캠핑장도 있어 난 사전에 정확한 정보를 확인하는 편이다.

하나하나 따지고 보니 난지도 캠핑장은 차박을 하기에 이상적인 장소였다. 그런 곳을 찾아내는 것만으로도 캠핑의 절반은 성공한 것이다.

Nº 3
인연이 닿았다

소난지도에는 뜻밖의 인연이 기다리고 있었다.
처음 이곳을 찾았던 다음날 아침,
날도 뜨겁고 정비도 할 겸 해변 정자에 앉아 쉬고 있을 때
그가 환한 미소로 말을 건네 왔다.
선착장으로 가는 길이면 데려다 주겠단다.
난 아이스크림으로 차비를 대신했고 그게 우리 관계의 시작이었다.

그는 오랫동안 대난지도에 살아온 주민이다. 외지인과의 대화는 오랜만이라며 난지도엔 어떻게 오게 되었는지, 어디를 다녀왔는지 묻는다. 무더웠던 8월의 날씨 탓에 해수욕장 뒤편의 산을 다녀온 것 말고는 아무것도 못했다고 하니 그는 안타깝다는 표정을 짓는다.

"먼 곳까지 왔는데 배 시간이 남았다면 섬을 한 바퀴 돌아보세요."

시간 낭비가 아닌, 그 만큼의 가치가 있는 아름다운 섬이 난지도라고 말이다. 다행히 배 시간은 여유가 있었다. 그가 추천해 준 곳은 선착장으로 가는 길목에 위치해 있어 돌아갈 필요도 없다. 더군다나 데려다준다 하니 더 고민할 필요가 없었다.

우리가 먼저 들른 곳은 전망대다. 그곳에서는 난지도의 모든 것을 바라볼 수 있다. 저 멀리 반달 모양의 해안에서는 사람들이 분주하게 움직이고 있었다. 바지락을 캐는 줄로 알았는데 여기서는 주로 맛조개가 잡힌단다. 다른 갯벌에 비해 맛조개가 엄청 잡힌단다. 이곳 맛조개는 아주 살짝만 데쳐서 초장에 찍어먹으면 쫄깃함을 견줄만한 조개가 드물 정도로 맛있다.

그 해변 옆으로는 고기잡이를 나간 남편을 기다리다 망부석이 되었다는 전설이 내려오는 선녀바위가 있다.

전망대에서 돌아 나오는 숲에서 난초와 지초가 많아 난지도라고 지어졌다는 것을 알게 됐다. 낚시 포인트까지 알고 싶었지만 배 시간 때문에 다음을 기약하며 선착장으로 돌아왔다.

그날, 그렇게 짧은 만남이었지만 약속한 연이 닿았고, 오늘 다시 만날 수 있게 된 것이다.

No 4
달빛 한잔

해와 달이 자리를 바꾼 시간, 나는 재회한 그와 함께 소난지도 서쪽, 암릉지대로 향했다. 이곳에는 얼마 전에 완공 된 난지대교가 있다.

그의 말에 따르면 그 옛날 다리가 없었을 때는 두 섬을 오고 가기 위해서 나룻배를 탔었다고 한다. 자신도 나룻배를 타고 다녔다며 잠시 추억을 회상하기도 했다. 난지대교가 완공이 된 후에는 종종 그 시절이 그리워져 달이 밝은 날이면 이따금씩 이곳을 찾는다고 한다. 사실 내 눈에는 그저 평범한 다리였지만 그에게는 옛날 소회에 젖게 해주는 것이였나 보다.

오십대 후반, 그와는 열 살이 넘는 나이 차이였지만 뜻밖의 인연으로 맺어진 사이라며 우린 호형호제를 하기로 했다. 나를 위해 낮에 잡아두었다는 우럭을 그는 날랜 손놀림으로 뚝딱 회 한 접시로 만들어냈다. 그날 자리가 좋아서였는지, 그의 실력이 좋아서였는지 더 맛나 보이는 우럭회가 군침을 돌게 했다.

바람도 입을 다물어 조용한 바다. 우리는 해변에 기대어 달빛을 섞은 소주잔을 기울인다. 소주 한잔에 우리를 추억을 담는다. 처음 우리가 만났던 그날의 이야기를 풀어내고, 서로의 유년시절을 공유하며 그와 나는 한 뼘 더 가까워진다.

조용한 바닷가.
나의 오감을 자극한 것은
그의 유쾌한 이야기들과 찰싹거리는 파도소리,
그리고 멀리서 반짝 불빛을 내는 반딧불이다.
나는 반딧불이를 얼마 만에 본 것일까?
기억조차 나지 않을 만큼 오래된 시간 속의 일이다.
이 작은 생명체는 하늘의 별만큼 반짝이고 있었다.
내 앞에 나타난 작은 추억에 손을 뻗어 보지만
불꽃처럼 반딧불이는 쉬이 잡히지 않는다.
그와 함께한 이 달빛 한잔도
시간이 지나면 반딧불이처럼 잡히지 않는 건 아닐까라는
조금은 쓸모없는 걱정도 해본다.

더위에 지쳐 가벼이 지나쳤을 곳이었을 텐데
그는 나에게 난지도를 선물했고 우리의 이야기는 밤늦도록 계속 되었다.
너무나 짧은 1박 2일이다.

여행은 새로운 일을 시도하는 것이다.
그것은 비단 행동에만 국한 된 것이 아닌 사람과 사람의 관계도 포함된다.
난지도에서 나는 소중한 인연을 하나 더 만들었다.
오랜 시간 알아 온 것만 같은 친우.
배를 타고 떠나는 순간까지 손을 흔들어 주던
그의 모습에 가슴이 뭉클하다.
돌아오는 길이 못내 아쉬웠지만, 앞으로 십년을 알고 지내면
우리도 십년지기가 된다는 형님의 이야기가 잊히지 않는다.

대난지도 소난지도

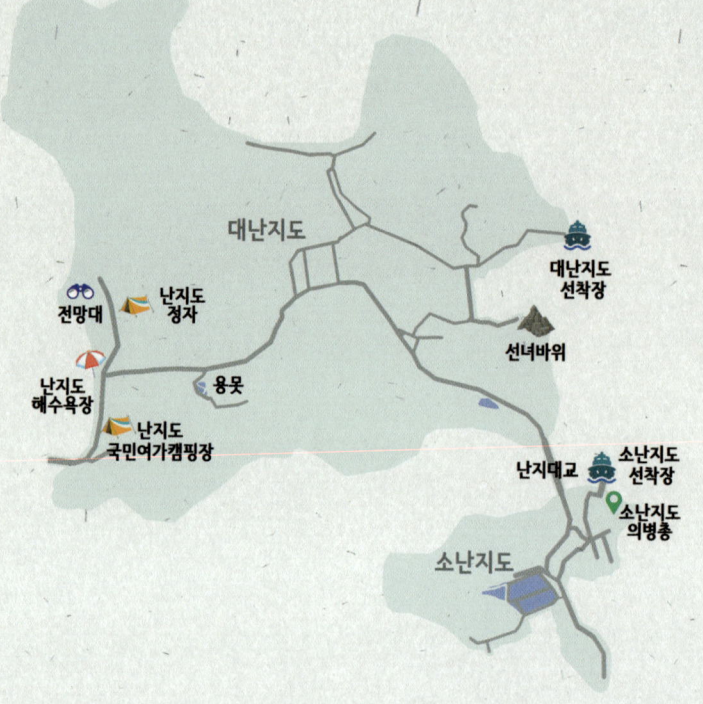

- 위치   충남 당진시 석문면
- 배편   당진 도비도항(1시간)
- 예매   현장 예매
- 야영   대난지도 국민여가캠핑장(유료)
         해수욕장 뒤편 산 중턱 정자 노지(무료)
         차박 가능

캠핑 TIP

- 난지도 국민여가캠핑장은 야영지까지 차를 가지고 들어갈 수 있어 편리하다.
- 난지도 해수욕장 화장실 뒤로 이어진 산책로를 따라 오르면 오른 편에 정자가 있으며 정자 옆 노지에서 캠핑을 할 수 있다.
- 해변 뒷산에는 두 개의 정자가 있지만 경쟁이 치열하니 첫배를 타고 가는 것이 좋다.
- 섬 야영지 탐색은 항상 최신 정보를 기반으로 찾는 것이 좋다. 무료가 유료로 바뀌기도 하고, 야영이 허가된 곳이 금지되는 경우도 많다.

섬 TIP

- 난지도행 배의 차량 승선은 예약이 불가능하고 선착순이다. 주말에는 차량 대기가 길어서 배 시간 보다 일찍 가서 줄을 서는 것이 좋다.
- 사람만 탑승 시에는 대기 없이 오를 수 있다.
- 소난지도(난지대교) 왼쪽 암릉지대는 소문난 낚시 포인트이다.

DEOKJEOKDO·SOYADO

풍요의 섬

덕적도·소야도

ISLAND

№ 1
전국 노숙인 협회

여행은 때때로 의도치 않은 추억을 만들어 낸다. 갑자기 짠! 하고 나타나는 이벤트처럼. 보글보글 라면 물이 끓어오르는 아침, 전날 소야도에서의 일을 회상해 본다.

소야도는 덕적도와 다리로 연결된 작은 섬이다. 그날따라 소야도 선착장에는 많은 사람이 북적이고 있었다. 무슨 일인가 싶어 가보니 방송국 촬영팀의 소야도 취재가 한창 진행 중이었다. 촬영을 멍하니 바라보고 있던 내게 PD인 듯 보이는 남자가 말을 건넨다.

"어떻게 소야도를 찾게 되셨어요?"

나는 백패킹을 하러 왔으며 소야도는 우리 모임에서 자주 이야기가 나오는 섬이라 했다. 유심히 살펴보던 그는, 내가 메고 있는 배낭이 신기한 듯 물었다.

"가방이 굉장히 큰데 백패킹이라는게 정확히 무엇인가요?"

이 질문에는 잠깐 당황했다. 뭐라고 설명을 해야 하나 머릿속이 멍해졌다. 그때 나는 '백패킹은 자유롭다. 마치 세상의 규칙을 던져 버린 보헤미안처럼. 어디에도 구속되지 않고 자유를 추구하는 것'이라고 대답했어야 했다.

하지만 그때 입 밖으로 튀어나온 건 "노숙이죠. 노숙"이다. 가방 하나 메고 어디든 자리를 잡으면 거기가 우리의 숙소다. 그래서 노숙이다. 평소에 농담처럼 해 온 말인데 나도 모르게 튀어나온 것이다. 더 당황스러운 것은 공교롭게도 이 장면이 방송에 나와버렸다. 그날 이후 난 모임 사람들에게 전국 노숙인 협회장으로 불리게 되었다.

시간이 지나도 그날의 이야기를 안주 삼아 술 한 잔 나누게 되는 재밌는 기억이다. 이런 추억들은 나를 또 다른 섬으로 향하게 한다.

그곳이 어디든 섬이 곧 나의 야영지가 된다. 별이 수놓은 하늘을 이불 삼아 잠들어도 괜찮다. 그곳이 나의 안방이리니….

№ 2

소야도

때뿌루, 떼뿌루, 떼뿌리, 뎃뿌루…
데뿌리 해변은 불리는 말도 다양하다
이곳은 예로부터
보리수 나무가 많이 자랐는데
뎃뿌루는 보리수 열매를 부르는 사투리다.
조용한 데뿌리 해변,
바닷바람을 타고
보리수 향이 실려 올 거 같은 날.
괜스레 콧등이 간질거린다.

Nº 3
그 섬에 살아도 좋다

내가 만약 섬에서 살아야한다면 난 1초의 망설임도 없이 첫 번째로 덕적도를 선택할 것이다.

인천 섬으로 2박 3일 캠핑을 계획하면 하루는 꼭 덕적도에 머무른다. 인천에서 한 시간여만 가면 닿을 수 있고, 야영지의 시설도 좋다. 특히 밧지름 해변의 노송 숲은 무료로 텐트를 설치할 수 있는데 바닥도 단단한 편이라 설치도 편하다.

거기에 인천 옹진군에서도 손꼽히는 큰 섬이어서 편의성도 좋다. 하지만 2박 3일 섬 캠핑을 위한 음식을 미리 다 준비하고 오기는 어렵다. 그래서 첫날 캠핑 후 다른 섬으로 이동하기 전에 식료품이나 필수품 등을 보충하는 섬이다.

덕적도를 좋아하는 이유 중 하나는 밧지름의 갯벌 때문이다. 여기서는 밤낮을 가리지 않고 해산물을 캐낼 수가 있다. 낮에는 바지락과 백합조개가 지천으로 널려있고, 밤에는 골뱅이와 소라를 한 냄비 가득 잡을 수 있는 곳이다. 어량도 풍부해서 갯바위 낚시도 언제나 수확량이 좋다. 다시 말해 자급자족도 가능한 섬이다.

그리고 비조봉. 해발 300m가 안 되는 낮은 산이지만
솔잎을 갈아 넣은 듯한 내음이 가득한 적송 숲,
그리고 그것을 단단하게 보살펴 주는 장엄한 암벽,
강원도 깊은 산속에서나 볼 수 있을 법한 풍경이 매번 나의 가슴을 벅차게 한다.
그래서 나는 이 섬에 살아도 좋다.

№ 4

섬마을 어르신

밧지름 해변 안쪽에 사는 어르신은 이곳의 수호자다.
오래된 노송 숲이니 화롯대는 숲을 벗어나서 사용해 달라거나,
쓰레기를 버리지 말아 달라 당부를 하시곤 사라진다.
그렇게 한 번, 두 번이 이어지다 보니 안면을 트게 되었고,
내가 찾아가는 날이면 철에 맞는 나물이나 해산물을 챙겨 주신다.
때때로 어르신이 필요로 하는 것을 사다 드리기는 했지만,
야영지에 찾아오면 소주 한 잔에 고기 한 점 드시는 게 전부다.

이제는 이사를 가셔서 뵐 수는 없지만 덕적도를 찾아가는 날이면
그날의 시간이, 그날의 기억이 떠올라 절로 미소가 지어진다.

№ 5

초로의 맛집

덕적도에는 맛있는 옛날 탕수육이 있다. 아무것도 모르고 찾아갔을 때 식당의 모습에 적잖이 놀라긴 했었다. 수십 년 같은 자리를 지켜온지라 제법 허름했던 식당, 덕적도의 중국집은 초로의 부부가 운영하고 있었다.

삐걱거리는 문을 열고 들어서니 할머니가 우리를 맞는다.
"여기는 무엇이 맛있나요?"
"다 맛있지만 할아버지 허리가 아파서 여러 가지를 만들려면 오래 걸려"
그것은 아마도 음식을 통일해 달라는 이야기 같았다. 우리는 짜장면과 탕수육을 주문하고 기다렸다.

얼마 지나지 않아 주방에서 할아버지의 신호가 들린다. 딸랑. 요리가 준비된 것이다. 쟁반을 쥐고 있는 할머니의 손에는 긴 세월이 그려져 있었고, 음식이 담긴 그릇에도 긴 시간이 새겨져 있었다.

낡은 그릇에 담겨 나온 요리. 그것은 넘치도록 후한 인심을 채우고 있었다. 투박한 상차림이지만 섬에서 먹는 것이라 특별하다 느꼈을 수도 있다. 하지만 시골 짜장면과 탕수육은 어느 곳과 건주어도 손색없을 맛이다.

№ 6
백패커라면 가능하다

"짐 안 싸요?" 지나가던 남자가 말을 건넨다. 오후 배를 예약해 두어서 아직 여유가 있다는 나의 대답에 그는 당황스러운 말을 한다. 오후 배는 모두 결항 되었다는 것이다. 그때까지만 해도 그게 무슨 말인지 도통 영문을 알 수 없었다. 불안한 마음에 주변을 빠르게 둘러보기 시작했다.

그제야 보이는 찌푸린 하늘, 소나무로 둘러싸인 해변은 바람이 가득했다. 눈앞의 바다는 잔뜩 화가 나 있었고 파도는 바위를 세차게 때리고 있었다. 심상치 않은 날씨. 하지만 결항을 알리는 아무런 연락을 받지 못했던 터라, 일행도 당황한 기색이 역력했다. 그 순간 마을에 안내방송이 울려 퍼진다. '기상 상황이 악화 되어 잠시 뒤 오전 10시 30분 배를 끝으로 오늘 배편은 모두 결항 되오니 인천으로 돌아가실 분들께서는 속히 선착장으로 이동해 주시기 바랍니다.' 이 무슨 청천벽력 같은 말인가.

현재 시간 10시. 마음이 급해졌다. 우리는 모두 직장인이다. 이대로 섬에 갇힌다면…. 언제 육지로 나갈 수 있는지는 아무도 모른다. 나는 큰소리로 외쳤다. "최대한 빠르게 짐을 싸서 철수하자! 빨리빨리!"

음식이고 뭐고 중요한 게 아니다. 배를 타는 게 급선무니 일단 배낭에 모두 집어넣고, 정리는 나중에 해야 한다. 지금껏 이렇게까지 급하게 짐을 싸야 했던 경우는 단 한 번도 없었다.

선착장까지 콜택시를 타고 가면 10분 거리. 무조건 10분 내로 짐을 싸야 무사히 배를 탈 수 있다. 무모할 것 같지만 어쩔 수 없는 상황이었다. 불행 중 다행인 것은 다음날 철수를 편하게 하려고 콜택시 연락처를 받아 둔 것이다. 자초지종을 설명하니 택시 기사는 바로 가겠으니 만반의 준비를 하고 있으란다.

우리는 백패킹을 온 것이다. 오토캠핑이었다면 불가능한 일이었지만 우리라면 가능했다. 10시 11분. 믿기지 않는 속도로 장비 철수를 끝마쳤다. 택시와 만나기로 한 곳에 도착한 시간은 10시 15분, 선착장에 내린 시간은 10시 27분. 멀리 배가 보였고 너나 할 것 없이 내달렸다. 그리고 1시간 30분 뒤, 우여곡절 끝에 우리는 인천항에 닿을 수 있었다.

나는 덕적도의 여행자다. 같은 곳을 자주 다니다 보면 설렘이 익숙함으로 변하기도 하고 간혹 지겨워질 때도 있다. 하지만 익숙한 여행지에서 뜻밖의 만남, 뜻밖의 사건 때문에 덕적도 여행은 다시 즐거워진다. 그렇기에 이곳은 내게, 언제 찾아도 항상 좋은 섬이다. 너털웃음이 절로 나왔던 다이내믹했던 그날을 추억하며 난 다시 덕적도로 가는 배낭을 꾸린다.

덕적도 소야도

- 위치　인천광역시 옹진군 자월면
- 배편　인천 연안여객터미널(1시간 30분)
　　　안산 방아머리항(3시간 30분)
- 예매　가보고 싶은 섬
　　　(https://island.haewoon.co.kr)

- 야영　덕적도 - 밧지름 해변 솔밭(무료)
　　　　　　 서포리 해변 야영장(유료)
　　　소야도 - 떼뿌리 해변 야영장(유료)
　　　　　　 죽노골 해수욕장 노지(무료)
　　차박 가능

캠핑 TIP

- 선착장 주변에 편의점, 낚시점 등이 있으니 캠핑에 필요한 물건을 보충하면 된다.
- 야영지를 소야도 죽노골 해변으로 정했다면 떼뿌리 해변 슈퍼 뒤에 있는 등산로를 타고 올라 산을 넘어가야 한다.
- 해변의 백사장에서는 바람이 많이 불면 텐트가 날아갈 수 있으니 나무에 로프를 묶어두는 게 좋다

섬 TIP

- 선착장에는 배 시간에 맞춰 순환 버스가 기다린다.
- 버스는 배 도착 후 10분 후에 출발하기 때문에 급한 용무가 아니라면 바로 타야 한다.
- 중국집은 덕적도 서포리에 있다.
- 밧지름 해변 갯벌은 낮에는 바지락, 밤에는 골뱅이와 소라가 잡힌다.
- 야간에 갯벌로 나가 지렁이가 지나간 것 같은 흔적을 따라가면 그 끝에 골뱅이가 있다.
- 골뱅이를 바로 먹을 때는 한 번 삶아낸 뒤 물에 박박 씻은 후 살짝 데치면 된다.

SANGNAKWOLDO · HANAKWOLDO

지는 달이 아름다운 섬

상낙월도
하낙월도

ISLAND

№ 1

비박

금요일 늦은 밤, 우리는 집결지에 모였다. 개인적으로 바쁜 생활이 이어지던 때라 2박 3일로 캠핑을 가기에는 부담스러웠다. 그래서 토요일 첫 배를 타고 들어갈 계획을 세웠다.

사람마다 여행지를 선택하는 기준은 다르다. 가깝거나 편리하거나 아니면 시설이 좋거나.

나는 가는 길이 멀고 힘들어도 개의치 않는 편이다. 즐길 거리만 있다면 고민 없이 길을 나선다. 때로는 아무 정보가 없다고 해도 말이다. 작은 섬에 화려한 볼거리가 있을 거라곤 생각하지도 않는다. 잊지 못할 추억은 내가 만들어가는 것이니까.

"형 거기에는 기가 막힌 해수욕장이 있어요.", "꽃게나 먹고 옵시다." 단 두 마디. 내가 지금 낙월도로 향하는 이유다.

새벽 3시가 조금 넘은 시간, 우리는 향화도 선착장에 도착했다. 하지만, 첫배가 7시여서 시간이 애매하다. 마침 근처에 공터도 보이고 비박을 결정했다.

흐릿한 조명, 침묵, 다소 불편한 돗자리에 모포를 한 장 두른다. 모닥불만 있었다면 영락없는 노숙자이리라. 5월의 새벽 바다는 상당히 추웠다. 얼마 지나지 않았는데도 몸이 굳어 버린 것 같았다. 차라리 차에서 쪽잠을 자는 것이 나았을까.

후회 아닌 후회 속에 주변을 둘러보니 밤에는 보이지 않았던 커다란 전망대가 눈에 들어왔다. 아무리 어두웠다지만 이것을 못 봤다니. 그것은 향화도 선착장의 앞바다를 한눈에 담아 볼 수 있을 만큼 커다랬다. 아직 완공되진 않았지만 완공 후의 모습이 기대될 만큼 멋스러워 보였다.

나는 전망대 앞에 앉아 커피 한잔으로 여정을 점검해 본다. 상낙월도 해수욕장은 어디로 가야 하는지, 꽃게는 살 수 있는지, 산지의 신선한 맛은 어떻게 맛볼 수 있는지…. 섬에 가면 그곳의 특산물을 찾아보는 것도 나의 또 다른 즐거움이다.

№ 2

낙월의 해변

상낙월도와 하낙월도로 이루어진 섬.
연교도 덕에 두 섬은 도보로 왕래할 수 있다.
두 섬 모두 해수욕장에서 백패킹을 할 수 있지만
나는 대부분 상낙월도로 간다.

상낙월도 해변으로 가는 봄길은 지천에 개나리와 유채꽃이 피어있어 노란 물결이 일렁이고, 가을에는 붉은 단풍이 수를 놓는다. 가는 길에 약간만 돌면 전망대에서 남해의 멋들어진 바다 풍경도 감상도 할 수 있다.

무엇보다 상낙월도 해수욕장에는 잔디가 깔려 있다. 캠핑을 할 때 바닥의 상태는 매우 중요하다. 모래밭은 철수 시 뒤처리가 어렵고, 자갈밭은 잠자리가 불편하다. 그리고 흙밭은 비가 오면 진흙투성이가 되어 난감하다. 반면, 잔디밭은 푹신하고 텐트 바닥에 잔여물이 적게 묻는다. 그 때문에 야영지 선택할 때 최우선이 되는 요소가 바로 야영지의 바닥이다.

상낙월도 해수욕장은 잘 알려지지 않은 곳이라 찾는 사람들이 적어 오롯이 우리만의 캠핑을 즐길 수 있는 곳이다.

하낙월도 해수욕장은 마을과 가까워 접근성은 좋지만, 잔디가 깔려 있지 않은 백사장이다. 하지만 대물이 잡히는 낚시 포인트는 이곳이다. 여기에서 나는 농어도 잡았고, 우럭과 노래미도 제법 챙길 수 있었다. 낚시를 원하는 캠퍼라면 하낙월도로 향하는 것이 좋다.

No 3

찰나의 순간

달이 뜨고 달이 지는 밤, 지는 달이 가장 아름다운 섬 낙월도.

날은 어느새 아스라이 밝아 온다. 나는 지는 달을 보기 위해 새벽을 깨워 해먹에 걸터앉았다. 저 달과 함께 떠 있던 별들은 어디가고 혼자 남아 아침을 맞이하고 있는 것일까.

파르스름한 빛을 내는 달. 깨어있는 이에게만 허락된 찰나의 순간. 하늘이 온통 파랗게 변하는 직전, 해가 뜨길 남몰래 숨어 기다리던 달이 온 힘을 다해 찬란한 빛을 쏟아내는 것만 같다. 세상이 파랗게 물드는 그 찰나의 시간이 낙월도를 감싼다.

어느덧 달은 희미해져 간다. 그때 등 너머로 부스럭거리는 소리가 들려왔다. 일행이 일어났나 싶어 돌아본 그곳에서 난 두 눈을 의심했다. 사슴? 고라니? 혹시 잘못 본 건 아닐까 눈을 껌벅여봤지만 눈앞에는 두 마리의 사슴이 덩그러니 서 있었다. 동그란 눈망울로 나를 멍하니 바라보는 것이 쟤들도 나만큼 놀란 듯 보였다.

녀석들도 지는 달을 보러 나온 것일까? 우리는 숨만 죽일 뿐 아무것도 하지 않았다. 아니, 서로 아무것도 할 수 없었다. 이게 도대체 어찌 된 영문인지 의아해하고 있을 때, 일행이 나오는 소리에 놀란 녀석들이 숲으로 내뺀다. 총총총 사라져가는 녀석들의 모습이 눈에 한동안 아른거린다. 찰나의 순간만을 허락하는 지는 달만큼 녀석들과 짧은 만남이 아쉽기만 하다.

알고 보니, 이 녀석들은 오래전 마을 주민이 키우던 사슴이 도망을 친 것이라고 한다. 천적이 없이 없는 섬이다 보니 개체 수도 늘었단다. 난 그 사슴들과 마주한 것이다. 미리 알고나 있었으면 사진이라도 한 장 찍었을 텐데…. 귀여운 녀석들. 다음에 또 보자!

№ 4
바다 사나이

낙월도에 오면

언제나 반가운 얼굴을 만난다.

낙월도 터줏대감 꽃게잡이 배의 선장님.

까만 피부에 단단한 인상의 바다 사나이.

그를 처음 만난 곳은 낙월도 선착장이었다.

정자에서 농담을 안주 삼아 잔을 기울이던 그와 인사하며 시작된 사이. 뭐 하러 여기까지 왔냐며, 뭍에 예쁜 곳이 더 많다고 호통 치듯 농담을 던지던 그는, 꽃무늬로 멋을 낸 동그란 은색 밥상에 놓인 꽃게회를 권했다. 내게 맛보라며 건넨 것은 흔히 볼 수 있는 것이 아니었다. 그가 말하길, 봄철 허물을 벗어 껍질이 얇은 꽃게가 가끔 잡히는데 이것은 선원들의 안주지 판매를 하는 것이 아니란다. 껍질까지 통째로 먹는 꽃게 회를 상상이나 했겠는가? 꽃게 살의 보드라운 맛과 꼬들꼬들한 껍질의 고소함이 절묘하게 어우러진 맛이다.

꽃게회를 좋아해 종종 찾지만 그때 낙월도에서 먹었던 건 더는 맛보지 못했다. 그만큼 귀한 안줏감을 내게 선물해 준 것이다.

그는 뱃사람 특유의 성격이 묻어나는 무뚝뚝한 말투와 달리 유쾌한 사람이다. 자기에게 딸이 있다면 사위 삼고 싶다며 농을 건네던 그에게는, 알고 보니 과년한 딸이 있었다. 진짜로 주고 싶지는 않았나 보다. 심지어 다른 일행에게도 같은 말을 했단다. 그의 맛깔스런 입담 덕분에 낙월도 여행은 언제나 즐거웠다. 그의 유쾌한 웃음소리가 흘러나오는, 낙월도는 내게 행복의 섬이다.

№ 5
다시 안녕

바쁜 일상에 짬을 내어 정신없이 찾아온 낙월도지만
모든 것이 좋았다.
내일이면 이런 여유로움이 그리워질 걸 알기에
이곳의 순간순간이 소중하기만 하다.

지금 이곳에는 내가 있고 우리가 있다.
우리가 있고 자연이 있다.
자연이 있고 여유로움이 있다.
자연과 함께 쉼을 즐기는 것.
그래서 섬 캠핑은 내게 활력 충전소다.
섬을 떠나 돌아오는 길,
나는 이미 다음 섬으로의 여행을 계획한다.

상낙월도 하낙월도

- 위치   전남 영광군 낙월면
- 배편   영광군 향화도 선착장(1시간)
- 예매   현장 예매
- 야영   상낙월도 해수욕장 잔디밭(무료)
         하낙월도 해수욕장 노지(무료)
         차박 가능

캠핑 TIP

- 상낙월도 선착장에서 오른쪽으로 꺾어 산책로를 따라가면 캠핑이 가능한 상낙월도 해수욕장이 나온다.
- 해변 정자에서 쉴 수 있으며, 화장실과 개수대가 있으나 겨울에는 개수대를 잠가두기 때문에 캠핑 때 필요한 물은 반드시 챙긴다.
- 하낙월도 해수욕장은 길을 따라가다 임도가 나오면 직진하여 내려가면 된다.
- 사람들이 가장 선호하는 야영지 바닥은 데크 → 잔디밭 → 노지 순이다.
- 비박(Bivouac): 독일어로 텐트를 사용하지 않고 지형지물을 이용하여 하룻밤을 지새우는 것을 말한다.

섬 TIP

- 낙월도 갯벌은 맛조개가 많이 나오니 맛소금을 준비해 가면 된다.
- 작은 슈퍼가 있지만 문을 닫는 날도 있다.

배낭 하나면 떠날 수 있어

№ 1

배낭 싸는 방법

백패킹의 시작은 배낭을 싸는 것부터 시작된다. 장비를 어떤 순서로 어디에 넣어야 하는지, 무엇을 챙겨야 하는지 생각해야 할 것들이 제법 된다. 마구잡이로 넣는다고 되는 것이 아니다. 장비 무게에 따라, 사용 빈도에 따라, 용도에 따라 넣는 순서가 다르다.

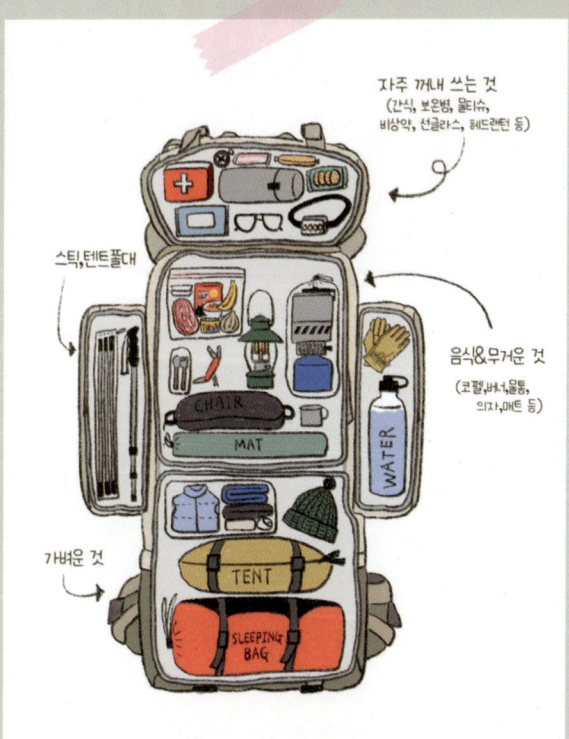

1. 기본 장비를 포함한 용품들을 배낭에 넣을 때의 순서는 어떻게 될까?

① 배낭의 기본 패킹 순서는 일반적으로 무게에 따른다.
- 배낭 맨 아래는 가장 가벼운 장비를, 위로 올라갈수록 무거운 장비들을 넣는다.
- 아래부터 나열하자면 침낭 → 텐트 → 용품 → 음식 순이다.
- 배낭의 무게 중심이 아래로 쏠리면 걷거나 산행을 할 때 허리 부담을 주게 된다.

② 사용 빈도가 잦거나 손쉽게 꺼내야 하는 물건은 배낭 헤드나 외부 주머니에 넣는다.
- 물, 비상식량, 약품, 손수건 등
- 개인적으로 자주 사용하는 물품은 배낭의 헤드 부분이나 보조 가방에 넣고 다니는 것이 일반적이다.

③ 자신이 감당할 수 있는 배낭의 무게를 알아야 한다.
- 배낭에서 1kg의 차이는 생각보다 크다. 초보 시절에는 출발 전에 배낭의 무게를 체크하여 가장 이상적인 무게를 확인해 두는 것이 좋다.
- 배낭을 메고 체중계에 올라 자신의 몸무게를 빼면 배낭의 무게를 손쉽게 측정할 수 있다.
- 산행과 도보 여행에서의 배낭 무게도 체력에 따라 다르게 준비한다.
- 산에서는 체감 하중이 30~50% 가량 늘어난다.

2. 사람들의 배낭 속에는 무엇이 들어 있을까?

① 개인 용품 외에 공동으로 사용하는 장비가 들어 있다.
- 도마, 가위, 집게, 냄비 받침, 버너, 랜턴, 테이블, 냄비나 프라이팬 등
- 공동 장비의 경우 일반적으로 일행이 장비를 나누어 챙긴다.

② 배낭 한 쪽에는 기본 물품 외에 비상용 장비들이 있다.
- 약품, 초소형 랜턴, 초소형 버너, 비니, 로프, 가스 변환 어댑터 등

③ 필수품은 아니지만 캠핑의 편의성을 위해 가지고 다니는 물품이 있다.
- 의자 그라운드 시트, 베개, 에어펌프, 보조 배낭, 나이프, 토치, 보조 배터리, 스피커, 책 등

№ 2

B.P.L(Backpacking Light)

배낭 싸는 법과 함께 중요한 것이 배낭의 무게를 줄이는 방법이다. B.P.L은 말 그대로 가볍게 백패킹을 다닌다는 뜻이다. 최소한의 장비와 최소한의 음식 준비로 우리가 방문하는 환경에 최소한의 영향만을 남긴다는 의미다. 1990년대 후반 미국에서 시작된 B.P.L은 최근 몇 년 전부터 국내에서도 붐이 일기 시작했으며 많은 백패커들이 가벼운 백패킹을 즐기고 있다.

대부분 B.P.L이라 하면 경량 장비의 세팅을 우선 시 하는 경향이 있는데, 나의 경우 가벼운 마음으로 떠나 L.N.T(Leave No Trace 흔적 남기지 않기)를 실천하며 돌아오는 것에 의미를 두는 편이다.

간혹 무거운 배낭을 메고 다니는 사람을 보면 신기한 듯 쳐다본다거나, 반대로 아주 작은 배낭을 메고 다니는 사람도 특이하게 보는 경우도 있다. 하지만 그것은 취향이 사람마다 다른 것이지 누가 맞고 틀린 것이 아니다.

나는 기본 용품들(배낭, 텐트, 의자, 매트 등)도 가볍고 부피가 작은 것보다 무겁더라도 튼튼한 것을 선호한다. 그렇다보니 배낭의 무게가 남들보다 무거운 편이다. 나는 B.P.L이 이렇다 저렇다 나누기보다 편리함을 선택한 것일 뿐이다.

결론은 가방이 무겁든 가볍든 어디로든 떠나는 게 좋다.

PART 3

With Island

WIDO

ISLAND

№ 1
강아지와 함께

'그래, 너도 힘들었겠지'
녀석은 아직 꿈나라를 헤매고 있었다.
전라북도 부안의 위도,
차가 막혀 오가는 것만 7시간이었다.
사람도 피곤했을 위도 캠핑 여행.
그날은 나의 반려견과 함께 했다.

녀석은 섬이 처음이다. 당연히 배도 처음이다. 배가 느리게 가서 그랬는지, 파도가 약해서 그랬는지 다행히도 걱정했던 것과는 달리 녀석은 평온한 모습이다.

배를 처음 타고 내리면 어지럼증을 느끼게 되는데 아마 녀석도 같은 느낌을 받았나 보다. 배에서 내리고 울렁거림에 당황했는지 다리가 풀린 듯한 모습이다. 파도의 움직임에 몸이 적응해서 땅이 움직이는 것처럼 느껴지는 것이다. 나 역시 처음엔 그랬다. 이럴 때는 아무것도 하지 말고 제자리에 서 있으면 된다.

배에서 내리자 녀석은 코끼리 코를 돈 것처럼 비틀거렸지만, 금세 정신을 차리고 여기저기 냄새를 맡기 시작한다. 녀석은 우리가 도착한 곳이 섬이라는 것을 알까?

강아지와 첫 섬 캠핑을 준비할 때는 신경 쓰이는 게 한둘이 아니었다. 혹시 벌레에 물리는 건 아닐까, 잃어버리지는 않을까, 아니면 힘들어하지는 않을까. 이것저것 생각할 게 많았던 반려견과의 캠핑은 기대만큼 걱정도 태산이었다. 하지만 해결책은 어렵지 않았다. 벌레는 애견용 해충 기피제를 사용하면 됐고, 길은 나보다 녀석이 더 잘 찾았다.

어느 샌가 녀석은 배도, 섬도 좋아하기 시작했다. 그리고 처음에는 나의 배낭에 녀석의 음식도 모두 넣었지만 지금은 강아지용 배낭에 자신의 사료와 물은 직접 메고 다닌다. 어느덧 배낭을 준비할 때면 녀석도 섬으로 간다는 것을 이미 알고 있는 듯한 눈치다.

№ 2

하얀 상사화와 공룡 알

잠시도 쉬지 않는 꼬리, 녀석은 제법 신이 난 것 같았다. 무엇이 녀석을 그렇게 흥분케 한 것일까? 아마도 도시에서는 경험하지 못한 아름다움을 녀석도 느꼈던 것인지 자세히 알 수는 없지만 그래도 나는 안다. 녀석도 이 시간이 너무나 즐겁다는 것을….

날아가는 나비도 처음 따라가 봤을 테고 길가에 핀 민들레 홀씨도 처음 불어봤을 테고, 바다에 발을 담가 본 것도 처음이었을 테니 녀석에게 이곳은 지금껏 경험하지 못한 신세계일 것이다.

길에서 우리를 맞이한 건 하얀 상사화다. 길가에 예쁜 꽃이 많이도 피었다고만 생각했는데, 위도에서 처음 발견된 꽃이란다. 그래서 '위도 상사화'라고도 불린다.

구름 한 점 없는 가을 하늘. 태양이 숨을 불어 넣어 하얗게 피는 꽃, 위도 상사화. 선선한 바람은 꽃의 은은한 향기를 실어 나른다.

녀석의 발걸음은 좀처럼 멈출 생각이 없었다. 그래서 내친 김에 위도 끝자락에서 발견되었다는 공룡 알이 있는 곳까지 돌아보기로 했다. 마치 어린아이가 된 것처럼 우린 수억 년 전 공룡시대를 찾아 떠난다. 여행지에서는 이렇게 발길 닿는 대로 거니는 것도 즐겁다. 계획 없이 출발하여 도착한 섬의 끝. 실제로 그곳에는 화석으로 남겨졌다는 공룡 알이 있었다.

찬란한 생을 피우지 못하고 오랜 시간을 이렇게 지내왔을 텐데, 사시사철 비바람에 자리를 지켜 왔음에도 모양이 온전한 것이 마냥 신기하다.

세계에서 유일하게 이곳에서만 핀다는 하얀 상사화도 다시 한 번 생각하게 된다.

어쩌면 이들은 그 오랜 시간 속에서 함께 했을 것만 같다.

바닷바람에 흔들리는 꽃길을 따라 걷던 녀석과 나의 첫 섬 캠핑. 우리가 함께한 시간은 너와 나의 기억에서 오래도록 공유될 것이다.

№ 3

행복 버스

위도에는 빨간 버스가 있다. 사람들은 이 버스를 행복 버스라고 부른다. 행복 버스가 유명한 것은 운전하는 사람 때문이다. 위도의 아름다움을 나눠준다는 그는 TV에도 여러 번 출연했을 정도로 이곳의 유명인사다.

그는 차 안에 흐르는 음악에 맞춰 흥겹게 우리를 맞이했다. 운행하는 내내 웃음을 띠고 있던 미소 천사, 그 덕분에 섬의 첫 느낌은 즐거움이다.

원래 나의 계획은 위도 해수욕장 해송밭에 야영지를 구축하는 것이었다. 하지만 그가 더 좋은 장소가 있다며 살짝 귀띔을 해준다. 그곳은 해수욕장 뒤편이었는데, 언덕에 데크가 있고 쉘터를 설치할 수 있는 넓은 공간도 있어 캠핑을 하기엔 최적의 장소라는 것이다.

그곳은 뒤로는 강아지의 코를 자극하는 숲이 있었고, 앞으로는 단단한 모래사장이 펼쳐져 있었다.

내 옆을 졸졸 따라오던 녀석의 발걸음도 경쾌하게 만들었다. 그곳이 마음에 들었던 건지 녀석은 잠시도 가만히 있지 않고 야영지 곳곳을 탐색해 나갔다.

빨간 버스는 우리에게 편안한 야영을 즐길 수 있도록 생각지도 못한 선물을 던져주고는 다음 목적지를 향해 떠나갔다.

그의 친절은 거기서 끝나지 않았다. 다음 날 데리러 오겠다고 한 그는 약속 시간보다 먼저 도착해 우리를 기다리고 있었다. 그리고 우리를 위해 섬의 숨은 장소를 모두 보여주고 싶다며 가이드를 자청했다. 섬을 둘러보는 내내 마치 관광버스 안내원처럼 명소를 설명해 주고 사진 명당이라며 중간중간 차를 세워주기도 했다. 위도가 홍길동전 율도국의 모델인 것도, 고슴도치를 닮은 섬이라는 것도 그가 알려준 것이다.

위도에서 7대째 살고 있다는 그는, 태어나고 자란 고향을 사랑하는 멋진 사람이다. 위도는 행복한 그가 운전하는 빨간 버스가 있는 섬이다.

가출

사건은 밤에 생겼다. 여느 때와 다름없는 섬에서의 하루였고 녀석과 나는 텐트에서 함께 잠이 들었다. 강아지들은 자다가도 실외에서 배변을 하는 경우가 있어 텐트를 열어 둔 것이 화근이었다.

새벽에 이상한 낌새에 눈을 떠보니 녀석이 보이지 않았다. 혹시 몰라 텐트에 목줄을 걸어두었는데, 그것이 풀려버린 것이다. 다급하게 밖으로 나가봤지만 녀석의 그림자도 보이지 않았다. 야심한 시각이라 크게 부를 수도 없었다. 허둥지둥 근처 숲을 돌아보았지만 녀석의 흔적 하나 찾을 수 없었다.

혹시라도 잘못된 건 아닌지 불안한 마음이 앞섰다. 그렇다고 무턱대고 찾아다니는 건 능사가 아닌 것 같았다. 날이 밝으면 녀석이 갈 만한 곳을 정하여 도움을 받아야겠다 싶어 돌아왔는데, 1시간 넘게 속을 새까맣게 태웠던 녀석은 텐트에서 평온하

게 기다리고 있는 것이 아닌가. 되레 어디 갔다 이제 왔냐며 투정을 부리는 듯한 모습이 야속하기까지 했다.

녀석이 어디를 어떻게 다녀왔는지는 알 수 없었지만, 처음 온 섬이라 궁금한 게 많았는지 익숙하지도 않은 곳을 혼자 탐험을 하고 온 것 같았다. 이렇게 애를 태웠던 녀석의 이름은 '소년'이다.

개가 후각이 뛰어나서 그런지 우려와는 달리 어디를 가더라도 잘 돌아다니고 잘 찾아낸다. 야영지를 처음 찾아갈 때는 앞서거니 뒤서거니 걷는 녀석이 다음날에는 나를 이끈다. 가끔 섬의 양 갈래 길에서 모호할 때가 있어도 녀석만 따라가면 여지없이 바른 길이 나타난다.

소년이는 처음 만난 2018년부터 지금까지 여행을 함께하는 나의 가족이자 든든한 캠핑 팀원이다.

위도

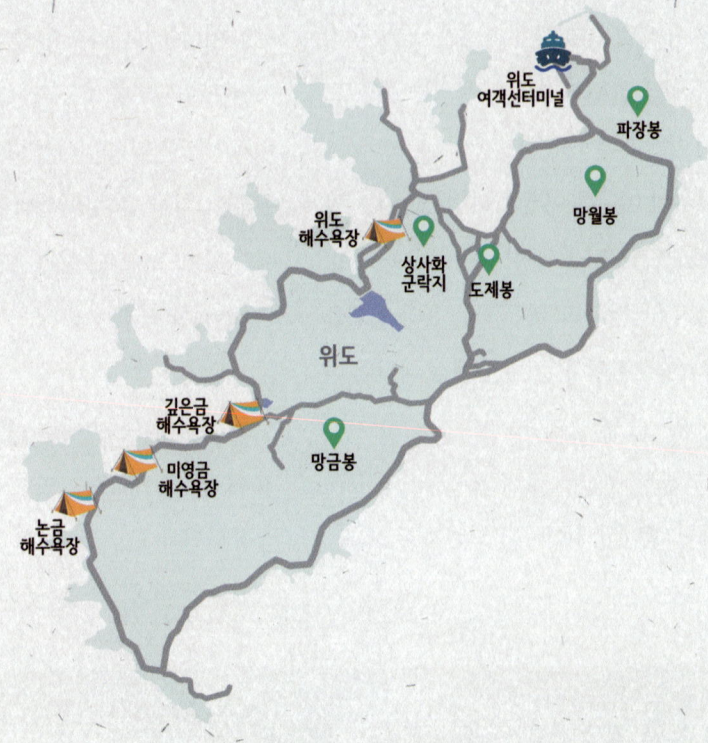

- 위치　전북 부안군 위도면
- 배편　변산 격포항(40분)
- 예매　현장 예매

- 야영　위도 해수욕장(무료)
　　　깊은금 해수욕장(무료)
　　　미영금 해수욕장(무료)
　　　논금 해수욕장(무료)
　　　차박 가능

캠핑 TIP

- 위도 해수욕장에는 해송 잔디밭에 텐트를 설치할 수 있다.
- 위도 해수욕장 중간 길을 따라 올라가면 캠핑이 가능한 데크가 있다. 알파인 텐트 8개동, 쉘터 2개동을 설치할 수 있는 장소이다.
- 데크 옆에 화장실이 있으며, 성수기에는 샤워도 가능하다.

섬 TIP

- 위도 10곳의 갯벌은 물때에 맞춰 나가면 바지락과 모시조개를 캘 수 있다.
- 해감 후 바지락을 삶을 때 소주 한 잔을 넣어주면 육질이 부드러워진다.
- 하얀 상사화는 9월~10월 가을에 절정이다.

섬 캠핑 멍티켓

- 배를 탈 때 강아지와 함께 오르기 위해서는 이동 가방이 있어야 한다. 탑승 시간이 짧아도, 소형견이어도 반드시 지켜야 한다.
- 배 안에서 강아지가 배변이나 영역 표시하는 것을 막기 위해 매너벨트를 착용한다.
- 강아지를 싫어하는 사람도 있을 수 있으니 목줄을 해두는 것이 좋다.
- 다른 여행객의 텐트에 마킹하는 것을 주의하여야 한다.

JANGBONGDO

바다의 전설, 인어공주가 사는 섬

장봉도

ISLAND

№ 1

신선놀이

장봉도는 서울, 경기 지역에서
찾아가기가 비교적 쉽고,
배 타고 40분이면 도착하기 때문에
백패킹이나 오토캠핑을 하는 사람들이
많이 찾는 섬이다.

무엇보다 장봉도는 계절마다 다른 색으로 여행자를 유혹한다. 연분홍 벚꽃이 봄을 열고, 노란 해바라기가 여름을 부른다. 가을이면 들판의 붉은 코스모스가 춤을 추고, 꽃이 진 겨울에는 하얀 눈꽃이 나무 위를 수놓아 사람들을 초대하는 섬이다.

봉우리가 많고 긴 섬, 장봉도. 가히 그 이름처럼 가막머리 낙조대까지의 산길은 높고 낮은 봉우리의 연속이었다. 선착장에서부터 등산을 시작하면 8km가 넘는 산행이어서 난이도가 상당하다. 그래도 장봉도 여행을 왔다면 신선이 하늘 나들이를 했다는 신선놀이길은 한 번쯤 올라가볼만한 곳이다.

선착장에서 바로 시작되는 신선놀이길에 들어서면 공기의 흐름이 완전히 바뀐다. 조금 전까지만 해도 바로 앞이 바다였는데 신선놀이길 초입부터 푸르름으로 완전히 뒤덮여 이곳이 섬이라는 것을 잊어버리게 만든다.

고도로만 보면 높지 않은 봉우리다. 그럼에도 정상 아래로 뻗어있는 바다가 까마득하게 보여 하늘을 떠가는 느낌을 준다. 그래서인지 능선을 따라 걷다보면 왜 이 곳을 신선놀이길이라 부르는지 알게 된다.

이 길의 끝에서 이어지는 바다로 향하면 산 위를 거닐던 신선들이 잠시 쉬어 갔을 것 같은 풍경이 나타난다.

장봉편암. 오랜 시간 동안 켜켜이 쌓인 모래가 겹쳐져 만들어낸 바위는 바다를 그려둔 듯하다. 그것을 보기 위해 또, 수없이 많은 사람이 걸었으리라.

쉼 없이 지나 온 시간의 흐름은 사람의 발걸음과 다시 겹쳐진다. 오늘 나는 시간의 바다를 걷는다. 여기는 나무의 나이테를 그려 놓은 듯한 장봉편암을 넋 놓고 바라보게 되는 곳이다.

№ 2
인어공주 이야기

시작부터 끝까지 인어를 만날 수 있는 섬, 장봉도. 선착장에 첫 발을 내딛었을 때, 내가 가장 먼저 마주한 것은 인어동상이다. 장봉도는 선착장 인어 동상에서부터 마을 담벼락의 인어 벽화까지 인어를 그냥 지나치고는 다닐 수 없을 만큼, 인어의 존재가 남다른 섬이다.

그 옛날 그물에 잡힌 인어가 가여워 놓아준 뒤로 해마다 만선이었다는, 어디선가 들어봤음직한 전설이 내려오는 섬. 언제부터였을지는 알 수 없으나 섬 주민들은 풍요를 안겨준 인어를 기억하기 위해 마을 곳곳에 인어의 흔적을 새겨 넣었고, 그렇게 장봉도는 인어의 섬이 되었다.

처음 장봉도 인어들의 모습을 봤을 땐 좀 진부한 거 같다고 느끼기도 했다. 그건 내가 한 가지 팁을 놓쳤기 때문이었다. 바로 증강현실 어플. 장봉도는 AR 벽화마을이다. 어플을 실행하면 어여쁜 인어들이 헤엄을 치고, 난데없이 공룡이 튀어나오기도 한다. 한순간에 인어가 살아있는 섬이 된다.

과거와 미래가 공존하는 섬. 구석구석 많은 것을 볼 수 있어 원하는 것을 경험할 수 있는 곳. 여유로운 휴식도, 힘든 산행도 가릴 것 없다. 하고 싶은 것이나 할 수 있는 것을 하면 된다. 여행의 목적을 굳이 정해 둘 필요도 없다. 우리는 그저 누리는 것이다. 그들의 역사, 삶의 지혜 그리고 풍경 속으로 한 걸음 내딛으면 되는 것이다.

№ 3

박하지는 어디에

작은멀곶.

바다 한가운데 있어 가까워도 못 간다는 뜻의 돌섬이다.

원래 사진 명소로 알려져 있지만

사실 이곳은 섬 주민들만 아는 해루질 명당이다.

무더운 날을 제외하고 헛손질을 하는 날이 거의 없는 곳이다.

나는 그동안 해루질을 하면 소라, 조개, 골뱅이 정도의

해산물을 잡아 오는 게 대부분이었다.

이곳은 조개류와 더불어 박하지(돌게)가 많이 잡힌다고 하니

더욱 기대가 커졌다.

박하지는 껍질이 좀 더 딱딱한 게다.

오전에 비가 내려서인지 수확량은 기대에 미치지 못했다.
단단한 집게를 쪼개려 망치까지 준비했는데,
소라와 조개만 조금 잡은 게 전부였다.
그때 지나가는 사람들이 귀띔하길 박하지를 잡으려면
갯바위 아래를 살펴보라는 것이다.
정말 녀석들은 갯바위 아래를 조심스레 다니고 있었다.
웅크리고 있는 녀석도 있었고 물 위를 떠다니는 녀석도 있었다.
오래 있을 수는 없었지만,
운이 좋았는지 예닐곱 마리의 박하지를 손에 넣었다.
역시 포기하지 않으니 바다가 보상을 해준다.

№ 4
노을 맛집, 가막머리

인천의 10대 비경으로 불리는 곳,
노송과 꽃이 감싸고 있는 숲에서 노을을 감상하며 술 한 잔 나눌 수 있는 곳.
가막머리 낙조대는 캠핑의 낭만을 느끼기에 최적화된 장소다.
가만히 앉아 노을을 바라보고 있노라면
그 옛날 지나간 인연에 대한 짙은 그리움이 일렁이기도 하고,
고요한 노을빛과 바람에 살랑대는 꽃잎은 나의 지친 마음을 어루만지기도 한다.
가막머리는 그런 감성에 젖게 만드는 나의 최애 노을 맛집이다.

가막머리에서 노을 지는 풍경을 감상하며 캠핑을 즐기려면
이곳 데크에 텐트를 구축하는 게 좋다.
물론 데크 자리를 잡는 게 어려울 수도 있다.
특히 봄과 가을은 찾는 사람이 많은 계절이라 더욱 그렇다.
그렇다고 데크를 잡지 못했다고 실망할 필요는 없다.
기왕이면 데크가 좋다는 것이지
주변 노지도 훌륭한 편이어서 텐트를 설치하기 좋다.

　데크를 선점하였다 하여도 등산객들의 경치 감상을 방해하면 안 되기 때문에 난 가급적이면 등산객이 오르지 않는 오후 6시 이후에 설치하는 편이다. 이런 이유 때문일까. 산에서는 백패커들의 암묵적인 룰이 있다. 텐트를 설치하지 않았더라도 먼저 와 대기 중인 무리가 있다면 우선 순위를 인정해 주는 것이다. 등산객에 대한 배려는 다음날 아침까지 이어진다. 섬의 작은 산이라도 아침 등산을 하는 관광객들이 있으니 가급적 8시 전에 철수 준비를 하는 것이다.

다행이라면 장봉도는 배가 도착하는 시간에 맞추어 등산객이 오기 때문에 새벽같이 서두를 필요는 없어 여유가 있다. 그래서 이곳에서 백패킹을 할 때면 난 조금 게으름을 피워보기도 한다. 찬 새벽 공기를 맞으며 마시는 따뜻한 커피 한잔의 여유, 수평선 위로 돋트는 모습을 가만히 바라보는 여유로움, 이것이 행복한 게으름 아니겠는가.

사실 장소는 크게 중요치 않다는 게 나의 지론이다. 유명한 장소의 좋은 데크가 아니어도 무슨 상관이 있으랴. 늦으면 늦는 대로, 자리가 없으면 없는 대로, 아름다운 풍경을 만끽하며 천천히 걷는 것, 그 자체로 이미 훌륭한 도보 여행이 되리니…. 감성은 그런 것이다.

- 위치　　인천광역시 옹진군 북도면
- 배편　　영종도 삼목항(40분)
- 예약　　현장 예매

- 야영　　가막머리 낙조대(무료)
　　　　　국사봉 전망대(무료)
　　　　　옹암 해수욕장(유료/ 비시즌 무료)
　　　　　한들 해수욕장(유료/ 비시즌 무료)
　　　　　차박 가능

캠핑 TIP

- 선착장에서부터 오르는 경우 국사봉은 난이도가 중상급, 가막머리는 상급 구간이다.
- 마을버스로 이동시 국사봉은 장봉2리 하차, 가막머리는 장봉4리에서 하차하면 빠르게 갈 수 있다.
- 차박은 한들 해수욕장으로 가는 것이 좋다.
- 산에서 백패킹을 할 때는 등산객을 위해 오후 6시 이후에 텐트를 설치한다.

섬 TIP

- 장봉편암과 해식동굴은 썰물 시간에 맞춰 가야 볼 수 있다.
- 장봉도 둘레길 중간에는 매점이 없으므로 물이나 간식을 준비하는 것이 좋다.
- 박하지의 집게는 꽃게보다 크고 무는 힘이 강하니 두터운 보호 장갑이나 긴 집게 등을 이용하여 잡는 것이 좋다.

OEYEONDO

친구들과 안개의 섬으로

외연도

ISLAND

№ 1

설렘

대천항 어시장 안. 새벽부터 분주히 장사를 준비하는 상인들 사이를 서성였다. 어떤 횟감이 싱싱한지, 어떤 횟감이 맛있을지 살피다 첫 손님이니 싸게 주겠다는 상인과 흥정을 시작했다. 그가 방금 경매를 받아왔다는 자연산 광어에 끌린 것이다.

짧은 거래는 아주 만족스러웠다. 식감이 부드러운 자연산을 양식 가격으로 구입하고, 덤으로 매운탕용 우럭과 멍게를 받았다. 기분 좋게 필요한 것을 사고 시장에서 나와 배를 기다린다.

지루할 틈은 없었다. 선선한 바닷바람이 불어오는 항구에 앉아 제법 멋들어진 바다를 보고 있노라면 시간이 가는 줄 모른다. 거기에 옆에는 시장에서 사 온 그럴싸한 먹을거리도 있다. 조금만 지나면 외연도행 배를 탈 수 있을 것이다.

가보지 않았던 곳이나 가보고 싶었던 곳을 정하고 그날을 상상하며 기다리는 설렘. 앞으로 4시간을 기다리는 건 아무것도 아니다. 우리는 외연도로 가기 위해 달콤한 6주를 기다렸으니….

№ 2
함께라면

외연도는 초여름부터 가보려던 섬이었다. 하지만 좀처럼 일정이 잡히지 않아 9월이 되서야 어렵게 날을 잡을 수 있었다. 그러나 며칠 전부터 예보된 비 소식에 걱정이 앞선다. 우려했던 대로 출발 전날까지 이어진 호우주의보, 이대로 포기하기에는 기다린 날도 아깝고 오후면 비도 줄어든다고 하니 일단 나서기로 했다. 물론 비가 그친다고 해서 결항된 배가 다시 뜬다는 보장은 없다. 그래도 비 때문에 취소하자는 이는 없었다. 만에 하나 배가 뜨지 않는다면 근처 캠핑장으로 가면 될 일이었다.

가는 길이 쓸데없는 도전이 아닌가 걱정될 만큼 비는 더욱 거세게 내리쳤다. 휴게소에 모여 이렇게 가는 것이 맞는 것인지 의논을 할 때 누군가 외쳤다. "못 먹어도 고!"

대천항에 도착할 무렵 비가 잦아들기 시작한 것이다. 다행히 예상보다 일찍 비가 그쳐 매표소를 찾았지만, 오전까지는 모두 결항이었다. 그래도 일기예보가 바뀌었으니 오후에는 배가 뜰 수도 있다. 다른 대안도 있었으니 나쁘지 않았다.

섬 여행에서는 출항 지연을 겪는 것은 그나마 나은 편이다. 섬에서 돌아오는 배가 결항되는 일도 잦다. 그래서 섬 캠핑은 때때로 모험이 된다. 하지만 바다 건너 낯선 곳에서 새로운 경험을 하는 걸 어려워하는 사람들도 있다. 가보지 않은 길에 대한 두려움과 안 해본 것에 대한 부담감. 만약 새로운 것에 도전할 용기가 부족하다면, 믿을만한 사람과 함께 도전해보는 것도 괜찮다.

나 역시 첫 섬 캠핑에서 익숙하지 않은 하룻밤을 보냈지만, 친구들과 함께여서 새로운 것을 알아가는 재미를 배웠다. 떠나는 것을 망설이지 말라. 어쩌면 당신이 아직 마주하지 못한 더 멋진 세상이 기다리고 있을지도 모른다.

№ 3
우리의 놀이터

천신만고 끝에 온 선물이었다. 우리와 같은 등짐을 지고 내리는 사람은 보이지 않았다. 외연도의 돌삭금과 누적금에는 야영을 할 수 있는 나무 데크가 있다.

비가 내리는 날에는 낮은 곳을 피해 자리를 잡고 물길을 내야 하는데, 데크에서는 그런 수고를 하지 않아도 된다. 비가 온 데다 데크의 수도 적다 보니 자리를 확보하지 못한다면 진흙탕에서 밤을 보내야 할 수도 있는 상황이었다. 당연히 데크 경쟁이 치열할 거라 예상했는데 다행히도 다른 백패커가 없어 그럴 필요가 없어졌다. 비 때문에 오전 배가 결항이 된 것이 결과적으로 도움이 된 것이다.

야영지까지 바쁘게 걸어가야 할 줄 알았던 시간에,
우리는 대나무가 빼곡하게 자라고 있는 숲에서 사진도 찍고
풍경도 감상하며 느긋하게 돌삭금으로 향했다.
여기까지 오는 동안 기다림과 고민도 많았지만,
결과적으로는 득이 된 날이 된 셈이다.

예상대로 돌삭금에는 전날 아들과 왔다는 부자 외에 다른 무리는 보이지 않았다.

이제부터 여기는 우리의 놀이터다.

그날 외연도로 들어오는 배는 더 이상 없기 때문이다.

사소한 행운은 예기치 못한 순간에 찾아온다.

그런 일이 자주 있는 건 아니지만,

이런 사소한 행운이 선물 같은 하루를 만들어준다.

No 4

안개의 섬

당산은 돌식금에서 산책로를 따라가다 보면 만나게 된다.

쌀쌀한 가을 날씨에 비까지 내린 탓일까.

산을 오를수록 안개는 더욱 자욱하게 깔렸다.

한치 앞도 보이지 않는 길을 걷다 문득,

육지에서 멀리 안개에 가려져 보이지 않던 외연도의 모습이 떠올랐다.

역시나 '외연도'라는 이름답게 당산은 안개에 완전히 뒤덮여 있었다.

눈에 보이는 모습은 그야말로 놀라웠다.

높은 산을 올라야만 볼 수 있는 운해가 내 발 아래에 깔리며 신비감을 더해준다.

나는 신선이라도 된 것처럼 구름 위를 걷는다.

꿈이라도 꾸는 것일까.

안개에 가려진 길을 헤매듯이 걷는다.

№ 5
홍합의 늪

돌삭금 앞 해변에는 섬이라고도 불리는 자연산 홍합이 많다. 갯바위 아래 새까맣게 붙어있는 것이 모두 자연산 홍합이다.

자연산 홍합과 양식 홍합은 비슷하게 생긴 거 같지만 크기부터가 다르다. 큰 녀석들은 내 손바닥만 했고 작은 냄비에는 몇 개 들어가지도 않았다. 속살도 빈틈없이 꽉 차 있고 식감도 부드러우면서 쫄깃해 양식 홍합보다 맛도 훨씬 좋다. 그런 섬이 돌삭금 앞에 지천으로 있는 것이다. 이런 기회가 또 있을까 싶어, 서둘러 홍합 채취에 나섰다.

바다에서 잡아 온 홍합과 함께 저녁을 즐기고 있을 즈음, 쉘터 밖에서 인기척이 들렸다. 우리보다 먼저 자리를 잡았던 옆자리의 남자가 외연도는 자연산 홍합이 기가 막히다며 들고 온 것이다. 이미 우리도 먹을 만큼 따온 상태지만, 그 마음이 감사하여 기쁘게 받아들었다.

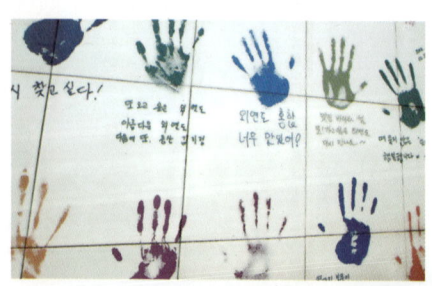

우리의 저녁은 말 그대로 홍합만찬이었다. 홍합찜에 홍합구이, 홍합스튜까지 꿈에서조차 나올 만큼 우리는 홍합을 먹고, 또 먹으며 긴긴 외연도의 밤을 채워나갔다.

다음 날 아침, 아빠와 사이트를 정리하던 아이가 까만 봉지를 하나 건넨다. 전날 딴 게 남았단다. 그랬다. 홍합이었다. 충분히 먹어서 더는 생각이 나지 않았지만, 까만 봉지를 움켜쥔 아이의 고사리 손을 보니 거절은 예의가 아닌 거 같았다. 그렇게 받아든 까만 봉지. 막상 봉지 안 홍합을 보니 어제 저녁 홍합 요리들이 둥둥 머릿속에 떠올랐다. 아, 이를 어쩐다….

산꼭대기에 있던 안개가 바다까지 내려와 있던 외연도를 뒤로 하고 대천항으로 돌아왔다. 갈 길도 멀고 허기도 달랠 겸 들른 중국집에서 무심코 시킨 것은 짬뽕이었다. 아니나 다를까. 짬뽕에는 홍합이 산을 이루고 있었다. 짬뽕 안 홍합이 입을 벌린 채 나를 보며 반갑다고 인사하는 것 같은 착각이 들 정도다. 점점 홍합의 늪에 빠져드는 것만 같다.

홍합에, 홍합을, 홍합으로 기억에 남는 외연도 여행을 이렇게 홍합해 본다.

외연도

- 위치　　충남 보령시 오천면
- 배편　　대천 연안여객터미널(2시간)
- 예매　　가보고 싶은 섬
　　　　　(https://island.haewoon.co.kr)
- 야영　　돌삭금 데크(무료)
　　　　　누적금 데크(무료)
　　　　　고라금 데크(무료)

캠핑 TIP

- 선착장에서 내려 당산 방향으로 이정표를 따라 약 600m를 가면 돌삭금으로 갈 수 있다.
- 돌삭금에서 이어진 길을 따라 약 400m를 더 내려가면 누적금으로 갈 수 있다.
- 돌삭금 가기 전 데크는 캠핑이 불가하지만 주변 잔디밭에서는 캠핑이 가능하다.
- 외연도 데크의 갯수는 한정되어 있으므로 첫 배를 타고 입도하는 것이 좋다. 데크를 선점하지 못했다면 노지를 이용하는 것도 좋다.
- 예전에는 노랑배에서 야영이 가능했지만 지금은 불가능하다.

섬 TIP

- 돌삭금 앞에서의 홍합 채취는 가능하지만 양식을 하고 있는 선착장 근처는 채취가 금지되어 있다.
- 가을철 외연도 근해는 안개가 잦아 결항이 잦으므로 주의해야 한다.
- 짬뽕에 들어가 있는 홍합은 섭과 비슷하게 생겼지만 지중해 담치다.

SASEUNGBONGDO

ISLAND

№ 1

무인도의 하룻밤

우리나라에는 많은 무인도가 있다.
그렇지만 사람들이 여행이나 캠핑을 할 수 있는 곳은 드물다.
무인도에서의 캠핑.
상상만으로도 도전 의욕이 솟구쳤다.
하지만 기회는 쉽게 닿지 않았다.

여느 때처럼 승봉도 캠핑을 준비하던 중,
사승봉도에 대해서 알게 되었다.
'허가를 받아 승봉도에서 도선을 타고 들어갈 수 있는 무인도'
단지 무인도여서 가보고 싶다고 생각했던 것은 아니다.
반복되는 일상에서 벗어나 틀을 깨는 자유를 느끼고 싶었다.
그곳에는 무엇이 기다리고 있을지….

바다와 나, 그리고 무인도. 상상만으로 여행은 이미 시작되었고, 예상치 못한 즐거움이 있을 거라는 생각에 입꼬리가 올라간다. 처음 맞이하는 상황도 기꺼이 받아들이겠다는 마음. 서서히 보이기 시작하는 낯선 무인도로의 도전을 꿈꾸며 나는, 갑판 위에 놓인 배낭을 멘다.

№ 2
대물의 꿈

사승봉도는 지나가는 낚시꾼이 없고 일부러 찾는 경우도 적다. 낚시꾼이 없는 무인도. 대물을 잡고 싶다는 호승심이 불타오른다. 무인도로 향하는 배 안에서 낚시터의 정보도 입수한 터라 더욱 기대가 되었다.

선장이 알려 준 오른쪽 해변, 툭 튀어나온 암릉 앞으로 향했다. 미끼는 무조건 갯지렁이다. 바다 상황에 따라 미끼가 다르겠지만 여기는 루어나 새우보다 갯지렁이가 확률이 좋단다. 이 정보만으로도 사승봉도의 물고기는 내가 다 잡을 것만 같았다.

낚시도 운칠기삼. 그만큼 운이 좋아야 한다는 말이다. 하지만 그 날은 작정하고 온 데다 뜻밖의 정보도 얻어 느낌이 좋다. 나머지는 섬과 나의 실력에 맡긴다. 낚시는 때로 섬과 하나가 되게 만든다. 바다를 느끼며 바람과 조율하고 파도와 싸우는 것, 낚시꾼은 섬과 하나 되어 대물의 꿈을 먹고 산다.

낚시는 물고기를 취하고 행하는 내 여행의 일부다. 얻는 것, 비우는 것, 그리고 즐기는 것. 마침 오늘은 물때와 장소도 좋았다. 시작한 지 얼마 지나지 않았음에도 우럭, 노래미, 줄돔까지 살림망이 가득 채워진다. 씨알이 굵은 녀석들도 제법 잡혀 이곳에 온 보람이 컸다.

№ 3
그 곳에서의 자유

하늘 아래, 땅 위에 우리뿐이다.
해변에 누워 바라 본 사승봉도는 너무나 평화롭고 조용했다.
하얀 모래로 뒤덮인 넓은 백사장에도 간간히 파도만 일렁일 뿐,
다른 움직임도 없었다.

　사승봉도는 아주 작은 무인도임에도 백사장의 길이가 4km가 넘을 만큼 넓다. 물이 빠지면 어디가 섬이었고 어디가 바닷가였는지 구분이 안 될 정도다. 해변에는 하얗고 고운 모래가 깔려있어 맨발로 다니기에도 무리가 없었다. 발바닥을 간질이는 고운 모래의 느낌이 좋다. 발바닥이 닿을 때마다 모래는 우리의 흔적을 새긴다. 아무도 없는 백사장에서 우린, 우리만의 물놀이를 즐긴다.

　사승봉도에는 큰 나무가 적다. 대신 작은 나무들은 많다. 여기에 타프만 설치하면 나무 사이로 불어오는 시원한 바람을 즐길 수 있다.

섬의 해변에서는 화롯대를 사용한다 하여도 불을 피우는 행위가 금지된 곳이 많다. 노송과 해변을 보호하기 위한 것이다. 하지만 사승봉도는 허가된 장소여서 화롯대에 불을 피우는 것이 가능하다. 모처럼 직화구이로 분위기를 내보고 싶었다.

하지만 돌아온 결과는 당혹스러웠다. 숯 위에 생선을 바로 얹은 것이 화근이었다. TV에서 보면 무인도에서 낭만적으로 잘만 구워 먹던데 어떤 생선이었는지 구분도 안 될 만큼 타버리다니! 내 마음을 대변이라도 하듯 하늘도 어느새 타버린 생선만큼

까맣게 변해 있었다.

  빛을 삼켜버린 무인도의 달빛이 하얀 모래 위에서 반짝인다. 비록 생선도, 내 마음도 새까맣게 태워버린 밤이지만, 무인도에 머물렀다는 사실은 나의 가슴을 더욱 뜨겁게 타오르게 만들었다.

№ 4

이일레 해변

사승봉도에 가기 전날은 치유의 섬 승봉도에서 하루를 보냈다.
승봉도의 동쪽은 광활하게 펼쳐진 바다가 놓여 있어
우리의 눈을 시원하게 했고
서쪽으로는 대이작도와 소이작도의 푸르름이 병풍을 쳐놓은 듯 멋스럽다.
남쪽에는 이일레 해변이 섬을 감싸듯이 자리해 있으며,
북쪽으로 가는 길에는 소나무 숲 지대가 조성되어 한여름에도 쾌적하다.
특히, 이일레 해변은 울창한 소나무 숲 덕에 편안하고 아늑한 느낌을 준다.
잔디밭도 있어 야영하기에도 좋다.
나는 커다란 해송이 늘어져 안방과 같은 해변에 기대어 눈을 감았다.

바람을 타고 온 솔향기가 코끝에 부딪히자,
왜 이곳이 치유의 섬으로 불리는지 알 것 같았다.
거센 바닷바람을 이겨낸 거송들이 만들어 준 힐링 포션.
그것이 해변을 가득 메운다.
눈을 감고 있었지만 모든 풍경이 눈앞에 펼쳐지는 것만 같다.
거송들은 내 마음에 귀를 열어 말한다.
비바람 몰아쳤던 힘겨운 날에도 여기를 지키고 있었노라고,
너를 위한 향기는 그렇게 만들어진 것이라고….
눈 뜨지 않아도 느껴지는 속삭임이 내 기억의 일부가 된다.

№ 5
바다의 코끼리

승봉도 전체를 두르고 있는 산책로에는 볼거리가 많다. 해안과 목섬을 이어주는 바닷길을 돌아 치유의 섬이라 불리게 된 근원지인 산림욕장에 다다를 수 있다. 이 섬에 온 김에 건강해져야 한다는 너스레로 여유를 부리다, 남대문바위를 잠시 잊고 있었다. 우리는 서둘러 발걸음을 옮겨야했다. 이 바위의 진정한 모습은 썰물에만 볼 수 있기 때문이다. 남대문바위는 코끼리바위로도 불린다. 왜 그런지 짐작했지만, 상상했던 것보다 훨씬 커다란 코끼리가 바다를 향해 서 있었다.

흡사 거대한 맘모스와 같은 모습은 바다가 파도로 깎고, 바람이 혼을 불어 넣은 것만 같다. 어쩌면 이리도 세세하게 조각할 수 있었던 것인지 이것은 바다가 세월과 손잡고 만들어낸 걸작이다.

무엇 하나 부족할 것 없는 승봉도 여행, 나는 위대한 전시관으로 시간 여행을 한다.

사승봉도

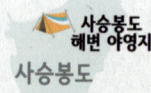

- 위치   인천광역시 옹진군 자월면
- 배편   인천 연안여객터미널(1시간 20분)
  대부도 방아머리항(1시간 30분)
- 예매   가보고 싶은 섬
  (https://island.haewoon.co.kr)

- 야영   승봉도 - 이일레 해변 잔디밭(무료)
  승봉도 캠핑장(유료)
  차박 가능
  사승봉도 - 상승봉도 해변 야영지
        (뱃삯에 이용료 포함)

캠핑 TIP

- 사승봉도에서 캠핑을 하려면 인터넷이나 전화로 예약을 해야 한다.
- 사승봉도 우물은 씻을 수 있지만, 식수로는 사용할 수 없다.
- 사승봉도에는 매점이 없으니 식수와 음식을 챙겨가야 하며, 승봉도 선착장에서 구입할 수 있다.
- 승봉도 이일레 해변을 조금 지나면 야영이 가능한 해송숲 잔디밭이 나온다.

섬 TIP

- 사승봉도의 이용료는 뱃삯으로 대신하며, 시즌에 따라 조금씩 다르다. (왕복 약 15만원)
- 사승봉도 해변 야영지에서 동쪽으로 약 200m 거리 섬의 우측 상단이 낚시 포인트다.
- 남대문바위의 코끼리 형상은 썰물 때만 보이므로 시간을 맞춰 가야 한다.
- 코끼리바위는 근래에 붙여진 이름이다. 먼 옛날 우리나라에는 코끼리가 없었기 때문에 남대문바위라고 먼저 불렸던 것이다.

마치 아니 온 듯 다녀가시옵소서

흔적 안 남기기 운동 L. N. T(Leave No Trace)

'마치 아니 온 듯 다녀가시옵소서.' 몇 해 전 여행을 간 섬마을 어귀에 걸려 있는 글귀였다. 많은 것을 생각하게 되는 문구였고, 얼마 지나지 않아 그 섬에서의 모든 야영이 금지되었다는 소식을 듣게 되었다.

    그날 내가 보았던 상황은 이런 조치가 이해될 만큼 심각했다. 야영을 하고 있을 때 마을 어르신들이 돌아다니며 제발 쓰레기를 가지고 돌아가달라고 신신당부를 하였음에도, 다음날 아침 야영객이 떠나고 간 자리에는 쓰레기가 그대로 버려져 있었다. 같은 백패커라는 것이 부끄러울 지경이었다.

    나는 10년이 넘는 시간 동안 캠핑과 백패킹을 다녔다. 아무리 좋은 곳을 찾아왔다 하여도 방치된 쓰레기를 보게 되면 눈살이 찌푸려진다. 자연이 빠르게 훼손되어 가고 있는

상황을 보며 작은 소리로나마 알리고 싶었다. 자연을 위해 우리의 흔적을 남기지 않길 바란다.

야영지에 버려진 쓰레기로 몸살을 앓고 있는 것은 전 세계적인 화두이기도 하다. 우리가 자연을 마주하고 이용하는 것에 있어 최소한의 윤리 의식을 갖고 보호하자는 캠페인, L.N.T(Leave No Trace)는 1991년 미국을 중심으로 시작되었다. 이것은 지금 그대로의 모습을 보존하여 후세대에 물려주자는 취지의 문화다.

나 역시 아무것도 모르고 산으로 바다로 다녔던 시기가 있었다. 하지만 L.N.T 지침을 접하고 나서부터 생각이 달라지기 시작했다. 산에서, 들에서 감성이라는 명목하에 모닥불 행위를 하는 것도 잘못된 것이었는지 몰랐었다. 예전에는 다 그랬다고 치부하기에는 바라보는 시각이 달라졌다. 이제 백패킹, 캠핑 문화도 달라져야 한다.
L.N.T는 범세계적으로 진행 중인 캠페인이다. 이것을 우리나라의 실정에 맞게끔 풀어본 것이며, 처음 접하는 이들에게 도움이 되었으면 한다.

1. 지정된 구역에서만 야영지를 구축한다. | Travel and Camp on Durable Surfaces |

- 국립공원이나 출입 금지 지역에서의 캠핑은 삼가하고, 산 정상에 야영지를 구축하게 될 경우 일반 등산객이 하산한 이후에 자리를 잡자. 자연은 내가 아닌 모두의 것이다.

2. 충분히 준비하고 계획한다. | Plan Ahead and Prepare |

- 방문하고자 하는 곳의 정보와 기상 상황 등을 사전에 파악하여 응급 상황에도 능동적으로 대처하는 것이다. 장마철에는 계곡이 위험하다는 것을 알면서도 야영으로 위험을 초래하여 국가 구조 인력이 불필요한 곳에 낭비되게 하지 말아야 한다. 요즘은 GPS의 활용도가 높으므로 리본이나 줄로 표시하여 이동하는 행위는 하지 않는 것이 좋다.

3. 쓰레기와 용변은 올바르게 처리한다. | Dispose of Waste Properly |

- 음식물을 땅에 묻는 것이 자연에 거름이나 비료가 되는 것이 아니다. 이것은 1차 생물의 먹이가 되어 자연계 먹이사슬에 교란을 일으키게 되므로 반드시 금해야 하는 행동이다.
- 용변은 응고제를 사용하고, 사용한 휴지는 수거한다.

4. 모든 것은 있는 그대로가 좋다. | Leave What You Find |

- 바위와 같은 지형물에 이름을 새기거나 낙서를 하지 않는다.
- 내가 그곳에 다녀왔다는 것을 남기고 싶다면 사진으로 충분하다.

5. 불 사용을 최소화하고 모닥불 행위를 하지 않는다. | Minimize Campfire Impacts |

- 산불 위험도 위험이지만 맨땅에서 모닥불을 피울 경우 10~20년 간 그 자리에 풀이 자라지 않는다.
- 산에서는 완전 조리된 비화식을 준비하도록 한다.

6. 야생 동물에게 먹이를 주거나 삶의 터전을 훼손하지 말아야 한다. | Respect Wildlife |

- 신기하고 예쁜 동·식물이 보이더라도 어떠한 간섭을 해서는 안 된다. 그들에게 우리는 침입자일 뿐이다.

7. 다른 이들도 배려해 주자. | Be Considerate of Other Visitors |

- 암묵적으로 행해지고 있는 야외 매너 타임은 오후 10시다. 이후에는 작은 소리로 대화를 나누는 것이 좋다. 다른 사람의 시간과 공간도 존중해 주자.

8. 지역 경제와 상생하기 | Supporting to the Local Economics |

- 산이나 섬을 방문하면 대부분의 시설은 무료로 이용을 하게 된다. 지역 주민들이 관리하는 것을 생각한다면 현지에 도움이 되는 것이 결과적으로 우리에게도 이득이 된다. 쓰레기를 방치하는 등 그 지역에 피해를 주게 되면 야영이 금지되거나 아예 폐쇄가 되기도 한다. 한 끼 정도는 현지 식당을 이용하거나 지역 상점을 이용하는 것도 좋다. 물가가 조금 높더라도 섬이라는 것을 감안하자.

PART 4

때로는 힘들어도 좋다

GOPADO

ISLAND

№ 1

느린 섬, 고파도

시간의 흐름이 육지보다 느린 섬들이 있다. 고파도의 첫 모습이 그랬다. 옅은 미소를 띠곤 묵묵하게 어구를 손질하는 주민들에게서 분주함은 보이지 않는다. 여유로움만이 있을 뿐이다.

하루하루 바쁘게 변해가는 도시와 다르게 계절의 흐름마저 비껴간 듯한 어촌, 그 흔한 점포 하나 없던 섬. 고파도는 '느린', '오래된'으로 정의할 수 없는 시간의 흐름을 간직하고 있었고, 섬을 지키듯 꼿꼿하게 서 있는 대나무만이 고파도의 지난 서사를 이야기 하는 것 같았다.

№ 2

해당화 피고 지고

가을 바다는 춥다고 알려졌지만, 고파도의 해변은 따듯했다. 야영지를 찾아가던 우리 앞에 계절에 맞지 않는 새빨간 열매가 나타났다. 이 계절에 해당화 열매라니. 보통 여름에 나고 지는 것으로 알고 있었는데 섬의 날씨가 느려서 그런 걸까.

몇 알 움켜쥔 손에는 새콤한 향이 묻어난다. 어릴 적 방울토마토처럼 생겨 무심코 입에 넣었다가 강한 신맛에 기겁을 한 적이 있었다. 한약재나 방향제의 원료로 쓰이는 것이니 그 맛이 오죽했으랴. 옛 생각에 빠져있다 문득, 이 공간에 어울리는 동요가 떠오른다.

♪ 해당화가 곱게 핀 바닷가에서
나 혼자 걷노라면 수평선 멀리
갈매기 한 두 쌍이 가물거리네
물결마저 잔잔한 바닷가에서~ ♬

№ 3
작은 섬의 야영지

고파도는 작은 섬이어서 알려진 것이 별로 없다.
그래서인지 야영지를 찾는 게 쉽지는 않았다.
이럴 때는 섬의 해수욕장으로 찾아가는 것이 가장 쉬운 방법이다.
그날도 그랬다.

선착장에서 마을 중앙으로 뻗어있는 길을 따라
해수욕장으로 걷기 시작했다.
고파도는 도로 공사가 한창 진행 중이었다.
그래서인지 없던 길이 생기기도 했고
있던 길이 사라지기도 하여 더 복잡했다.
더군다나 도로는 포장이 되지 않은 길이었다.
전날 비가 내렸는지
웅덩이도 많아 걷기도 쉽지 않았다.

여러 개의 갈림길을 지나도 도무지 해변은 나오지 않았다.
마침 집 앞에 앉아 계신 어르신에게 여쭤보니 애초에 잘못 온 것이란다.
고파도 해수욕장과는 정 반대편으로 온 것이다.
낙담하고 돌아서려는데 다행히 돌아갈 필요는 없단다.
이름 없는 해변이 이쪽에도 있다는 것이다.
더 이상의 정보도 없었고 어차피 해수욕장을 찾아온 것이니
발길을 되돌리기보다 이곳에서 야영지를 찾는 것이 나았는데, 운이 좋았다.
하지만 아쉽게도 이 해변에는
야영하기에 마땅한 장소가 보이지 않았다.

　난 야영지를 정할 때 가장 먼저 확인하는 것이 평평한 지형과 그늘이다. 그러나 그늘이라도 우거진 숲 근처는 날벌레나 모기가 많을 수 있어 피하는 편이다. 섬 모기는 도시보다 일찍 사라진다. 하지만 고파도는 예상외로 따뜻했고 여전히 모기가 기승을 부렸다. 더군다나 이맘때까지 살아남은 섬 모기들은 억세다. 그래서 야영지를 결정하는데 더 신중을 기하고 싶었다. 그러나 우리가 지나온 길을 되짚어 봐도 조건을 충족할 장소는 딱히 떠오르질 않았다.

　가을 섬 캠핑은 경쟁자가 많을 뿐 아니라 그들도 상황은 우리와 비슷할 것이다. 결정을 못 하고 시간을 보내면 한 가지 조건이라도 충족하는 자리마저 잡지 못할 수 있다.
　고민은 길지 않았다. 우리는 그늘을 포기하고 해변 끝의 평평한 곳에 자리를 잡았다. 모기도 그늘도 조금은 아쉬웠지만, 덕분에 인심 좋은 할아버지도 아주머니들도 만날 수 있었다.

№ 4

고파도의 정

가을 고파도는 어딜 가나 갈대와 억새가 만개하여 마치 한 편의 뮤지컬을 보는 듯하다. 고파도라는 무대 위에 금빛 갈대는 바람에 춤추고 은빛 억새가 가을을 노래한다. 나는 관객이 되어 들판의 향연에 취해 있었다. 내 뒤로 누군가 다가 온 것도 몰랐을 만큼.

세월이 머리에 내려앉은 백발의 노인은 환하게 웃으며 나를 바라보고 있었다. 캠핑을 할 거란 말에 "밖에서 자는 건 추울텐디 뭐 하러 고생을 사서 혀"라며 구수하게 다그치는 사투리가 정겹다. 오랜 시간 섬을 지키고 있었을 삶, 노인이 앉은 빛바랜 의자도 긴 세월을 함께 했을 것이다.

섬에서 나는 언제나 낯선 이방인이다. 그러나 그들의 마음은 닫혀 있던 적이 없었다. 그것이 섬의 문화라도 되는 것인 양. '아직은 안 추우니 괜찮아요. 걱정해주셔서 감사합니다. 어르신'

야영지를 향해 나서는 나를 불러 세운 어르신은 여기까지 왔으니 이거라도 가져가라며 바지락을 내주신다. 다른 것은 줄게 없다면서. 우리네 할머니, 할아버지의 모습이 그랬을까. 당신의 손주 같아서였을 수도 있고 아니면 정이었을 수도 있다. 섬에서는 때때로 마음의 선물을 받곤 한다.

야영지로 돌아온 나는 일행들에게 자랑스럽게 바지락을 내보였다. 그들은 어르신을 뵙지는 못했지만, 여기엔 돈으로 살 수 없는 마음이 담겨있다는 것을 알고 있다. 덕분에 저녁 메뉴는 감사한 바지락 술찜이다.

№ 5
대한민국 일등 갯벌

얼마나 잠이 들었던 것일까. 힘든 일정이 아니었는데도 짐을 풀고 나니 잠이 쏟아졌다. 자연에서 달달한 보상이라도 받은 것 같은 느낌. 섬에서의 낮잠이 사탕처럼 달콤하다. 정신을 차리고 돌아보니 휑한 바다가 눈에 들어온다.

우리나라에서 가장 넓은 규모의 갯벌을 가지고 있는 고파도. 어느새 야영지 앞에도 끝이 안 보일 만큼 물이 빠져있었다. 이곳은 굴과 조개가 쏟아진다는 섬이다.

갯벌 바위 아래서 눈에 익은 따개비가 보였다. 굴이다.
아직 제철은 아니지만, 이 시기에는 삶으면 괜찮다.
해루질을 하기 위해 바다로 나왔지만
질퍽대는 갯벌에서 발을 떼는 건 녹록치 않았다.
신발이 갯벌에 자꾸 빠져 걷는 것조차 쉽지 않았다.
차라리 맨발이 나을 것 같았다.
하지만 이미 신발도 나도 엉망이었다.
손만 뻗으면 캘 수 있을 것 같았는데 그날은 유난히 힘이 들었다.
그게 어떻게 보였는지 갯벌에 있던 아주머니들이 깔깔대며 웃는다.
누구 코에 붙이려고 힘들게 따냐며
툭 던지듯 건네는 소라를 받아들고 얼떨결에 말했다.
"바지락이 많습니다. 좀 드릴까요?" "나는 더 많아. 넣어둬"
순간 우리가 서 있는 바다는 웃음바다가 되었다.
뜨거운 물에 휘휘 적시듯 삶아낸 굴과 소라는
바다의 향을 진하게 품고 있었다.

№ 6

여행의 힘

고파도의 느린 시간을 따라 걷는다.
걸음마다 스쳐지나갔던 풍경들이 하나씩 떠오른다.
의미를 알 수 없던 담벼락 그림과 말없이 바라보던 바다,
산책길에서 만난 사람, 그들과 소소하게 주고받은 대화,
그리고 침묵 속 불멍까지….

대단한 시간에 대단한 사건을 마주하지 않아도 된다.
이렇게 스치듯 마주한 소박함만으로도
이미 고파도는 충분히 아름답다.
무엇보다 이 소소한 스침은
바쁜 일상에 지친 내 마음에 작은 위안이 되어준다.

고파도

- 위치　충남 서산시 팔봉면
- 배편　서산 구도항(50분)
- 예매　가보고 싶은 섬
　　　　(https://island.haewoon.co.kr)
- 야영　고파도 해수욕장 노지(무료)
　　　　서쪽 해변 노지(무료)
　　　　차박 가능

캠핑 TIP

- 고파도 해수욕장은 선착장에서 왼쪽 해변길을 따라가는 것이 가장 빠르다.
- 서쪽 해변은 첫 양 갈래 길에서 마을을 가로질러 반대편 해변으로 가야 한다.
- 길을 따라 서쪽 해변 끝까지 가면 야영을 할 수 있는 평지가 나온다.
- 서쪽 해변 야영지에서 150m 거리에 화장실과 개수대가 있다.
- 야영지를 정할 때는 텐트를 설치할 수 잇는 평평한 지형과 그늘 여부를 고려하는 것이 좋다.
- 섬 모기를 대비해 모기 기피제나 쉘터 등을 챙기는 것이 좋다.
- 서해의 갯벌은 깊이가 일정하지 않고 들쑥날쑥 한 경우가 많으므로 해루질을 할 때는 반드시 안전 장비를 착용한다.
- 가을 섬의 낮은 늦여름 날씨이고, 밤은 초겨울 날씨와 같아서 추울 수 있으니 방한복을 준비해야 한다.

섬 TIP

- 고파도 선착장은 턱이 높아 차가 손상될 우려가 있으므로 승용차는 주의해야 한다.
- 고파도는 산딸기, 삐비꽃, 해당화의 군락지다.
- 갯벌에서 소라, 모시조개, 바지락을 잡을 수 있고 앞바다에서는 우럭, 노래미, 농어, 감성돔이 잡힌다.
- 조개 해감 시 바닷물에 사이다를 넣어주면 조개가 더 빠른 속도로 펄의 모래와 불순물을 뱉어낸다.

BAEGADO

서해의 공룡능선

백아도

ISLAND

№ 1
공룡능선

서해의 공룡,

백아도를 부르는 또 다른 별칭이다.

백아도의 동쪽 해안에는 바다 위를 달리는 것 같은 기차바위가 있고

남쪽 해안은 남봉 능선이 유명하다.

이곳이 서해의 공룡이다.

   처음 방문했을 때는 거센 비바람 때문에 이곳을 볼 수가 없었다. 하지만 백아도의 공룡이 보고 싶어 몇 해 지나 섬을 다시 찾았다.
   남봉에 오르기 위해서는 깎아지른 듯한 벽을 올라야 한다. 전체가 암릉으로 이루어져 있어 초보자가 오르기에는 다소 험하지만, 다행히 산행을 도와주는 로프가 있다. 힘들어도 일단 능선에 올라서면 평이한 길로 바뀌어 산행이 수월하다.
   남봉에서는 공룡의 등이 보인다. 능선의 끝자락은 공룡의 꼬리를 닮아있다. 설악산보다는 작지만 사람이 밀면 움직인다는 흔들바위도 볼 수 있다. 이런 풍경들이 설악의 공룡능선을 닮아 백아도를 서해의 공룡이라 부르는 것이다.

나는 공룡의 꼬리에 걸터앉아 길을 되새겨 본다.
오르막도 내리막도 험했던 길,
가파른 경사 앞에 다음이 보이지 않았던 길,
커다랗고 거칠었던 공룡의 길이 뇌리에 박힌다.

두 번은 안 오리라. 진심이다.
하지만 꼭 한 번은 백아도의 능선을 만나보길 추천한다.
그곳에는 당신의 눈과 마음을 사로잡을
거대한 공룡이 기다릴 것이다.

№ 2

침낭 밖은 위험해

아침 첫배를 타고 울도로 넘어가야 했다. 그러나 거센 비바람에 모든 계획이 엉망이 돼버렸다. 섬에서 비를 만나는 것은 흔한 일이었으니 괜찮았다. 울도로 넘어가는 배가 결항이 되기 전까지는….

비가 내리는 날은 유난히 일어나기가 싫다. 축축한 느낌의 텐트. 뽀송뽀송한 침낭을 벗어나면 우중충한 날씨를 온몸으로 마주할 것 같다. 침낭 밖은 위험하다. 눈을 떠야 하루가 시작될 텐데, 비비적거리며 비가 그치길 기다려 보려했지만 얼마가지 못했다.

다급하게 나를 찾는 목소리가 들린다. 텐트가 무너졌다며 일행이 넘어온 것이다. 전날 밤부터 내리던 비는 점점 거세졌고,

일기예보도 심상치 않게 바뀌어 가고 있어 걱정을 했었더랬다.

많은 양의 비가 내릴 때는 텐트의 내수압이나 노후도에 따라 맞이하는 상황이 다르다. 텐트에 작은 구멍이라도 있다면 미리 수선을 해놓는 게 좋다. 그걸 안 하면 어떻게 될까? 나도 이것만은 알고 싶지 않았다.

일행이 도움을 요청했지만 내 텐트 안의 상황도 여의치 않은 건 마찬가지였다. 언제 생겼는지도 모를 작은 구멍 사이로 비가 들어와 정신이 하나도 없었다. 위에서 흐르고 바닥에서 스며들고 그야말로 총체적 난국이다. 그날따라 내리는 양도 많아 텐트가 비를 감당 못하는 상황이었다. 바람마저 세차게 불어대는 터라 버티고 있는 것조차 힘에 겨웠다. 그렇지만 해결해야 한다.

우선 로프를 풀어 텐트를 나무에 고정했다. 이렇게 하면 텐트의 폴대가 받는 압력을 나무가 덜어주어 웬만해선 부러지지 않는다. 그리고 타프를 텐트에 둘러 덮었다. 쏟아 붓는 비를 한 번 더 막아주기 위한건데 효과는 굉장하다. 물론 이런 것도 비상조치일 뿐이다. 초속 13m 이상의 바람이 분다면 버티기보다는 철수하는 것이 좋다.

№ 3
첫 경험

섬 여행은 새로운 것을 경험하게 한다. 우린 결항으로 움직이지 못하고 섬에 갇히는, 익숙지 않은 상황에 놓였다. 내리는 비에 모두 흠뻑 젖었지만 어쩐 일인지 다들 의연한 모습이다. 아무도 그런 상황은 신경 쓰지 않았다.

여행이 항상 같을 수는 없다. 그렇게만 된다면 되레 지루한 여행이 될지도 모른다. 그날 누구 하나도 말하지 않았지만 우리는 알고 있었다. 백아도의 아침은 고생뿐이었을지라도, 이것이 또 다른 추억이 되어 준다는 것을…. 그렇다. 고생도 경험이다.

No 4
상황 판단의 중요성

모든 것이 완벽했다. 순조롭게 도착한 야영지에서 준비도 끝마쳤다. 지나가던 트럭의 남자가 비가 많이 온다는데 괜찮겠냐는 말을 건넸으나, 개의치 않았다. 아니 몰랐다. 섬에 도착할 무렵, 일기예보가 호우주의보로 바뀌었다는 것을….

엎친 데 덮친 격이랄까. 우리는 결정해야 했다. 결항이어도 단순히 비만 오는 거면 야영은 할 수 있었다. 하지만 강하게 몰아치는 바람은 멈출 생각이 없었고, 울도로 넘어가며 보충하려고 했던 식량도 부족했다. 이대로 버티는 것이 능사는 아니어서 민박집에서 남은 하루를 보내기로 계획을 변경하였다. 그래도 막막하다. 거친 비바람을 뚫고 어찌 걸어가나 고민하고 있을 때 어제의 트럭이 우리 앞에 섰다. 걱정돼서 와봤다며 어서 짐을 실으란다. 그는 오늘 우리의 구세주다.

비바람에 도망치듯 짐을 싣고 마을로 들어갔다. 어렵게 찾아온 민박집 툇마루에 앉아 무섭게 퍼붓는 비를 바라보며 다시 한 번 깨달았다. 태풍이 올라오는 9월의 섬 여행은 방심하면 안 된다는 것을, 그리고 야영지에서 철수하길 잘했다는 것도. 변화무쌍한 자연의 힘 앞에 겸손해질 수밖에 없던 날이다.

№ 5

살아 있는 역사

우리가 찾아간 민박집은 백아도에서만 살았다는 내외가 운영하는 곳이다. 그들은 같은 초등학교를 나오고 수십 년을 친구처럼 함께 해온 부부다. 백아도에서 나고 백아도에서만 산다는 건 쉽지 않았을 텐데….

그들은 섬에 대한 사랑이 남달랐다. 작은 돌담, 좁은 길 하나, 아무렇게 피어있는 들꽃들까지도 사랑한다는 그들은 살아 숨 쉬는 백아도다.

부부는 우리가 알지 못했던 백아도의 이야기를 들려주었다. 예전에는 이 섬을 빼알도라고 불렀단다. 허리를 굽히고 절하는 것 같다는 뜻의 방언 '빼알', 지금은 섬 모양이 흰 상어의 어금니와 닮았다 하여 백아도로 바뀌었단다. 상어 이빨을 자세히 본 적은 없지만, 입을 벌린 모습이 닮은 것 같기도 하다. 하지만 두 사람은 여전히 빼알도라고 부른다.

이 섬은 예전에 미국 해군의 레이더 기지도 있어 찾는 사람도 많았고
옹진군에서는 나름 번화한 섬이었다고 한다.
하지만 지금은 기지가 철수하고 주민도 줄어 한적한 섬이 되었다며
부부는 내내 아쉬워했다. 어쩌면 그래서 우리를 더 반겼는지도 모르겠다.
부부가 꼭 둘러봤으면 좋겠다던 기차바위와 흔들바위는
때마침 찾아온 태풍 때문에 볼 수 없다는 것도 안타까워했다.

민박집에서만 시간을 보내는 것이 아쉬웠는데, 비가 소강상태에 접어든 것 능선을 가보기 위해 길을 나섰다. 하지만 보란 듯이 다시 굵어진 빗방울이 우리의 발걸음을 막아선다. 허탈함에 들어선 마당 한편에는 나갈 때 보지 못했던 커다란 대야가 놓여 있었다. 그 안에는 조개와 소라가 한 가득이다.

우리가 나갈 때 어디론가 향하는 부부를 보았는데, 그 짧은 시간에 대야 가득 캐왔다니! 더 놀라웠던 것은 우리를 위해 궂은 날씨를 마다하고 갯벌에 다녀온 것이다.

큰 냄비에 한소끔 끓여 내어 주었던 조개탕. 그게 얼마나 맛있었는지 나는 게 눈 감추듯 냄비를 비웠다. 원한다면 얼마든지 내어줄 테니 말만 하란다. 물건을 얻는다는 것은 응당 그만한 가격을 치러야 한다. 하지만 백아도에서는 내가 치른 것보다 값진 정이 돌아왔다. 내가 이토록 섬 여행을 좋아하는 이유 중 하나가 바로 이 정 때문이다.

백아도

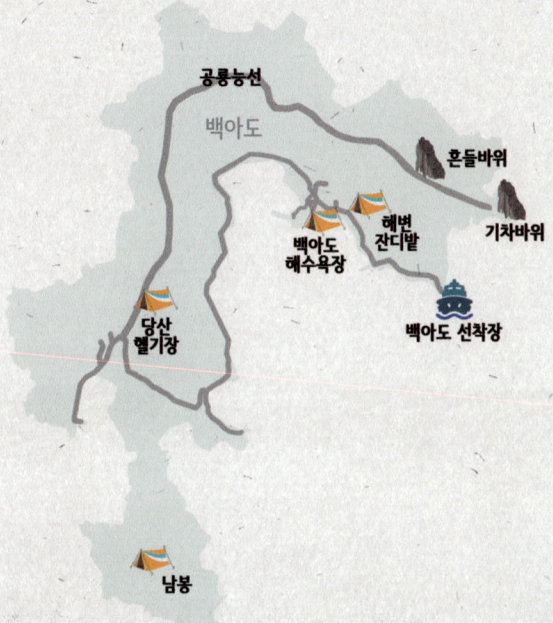

- 위치　인천광역시 옹진군 덕적면
- 배편　인천 연안여객터미널(1시간 10분)
　　　대부도 방어머리항(1시간 40분)
　　　덕적도에서 환승
- 예매　가보고 싶은 섬
　　　(https://island.haewoon.co.kr)

- 야영　백아도 해수욕장(무료)
　　　백아도 해변 잔디밭(무료)
　　　당산 헬기장 노지(무료)
　　　남봉 노지(무료)

캠핑 TIP

- 백아도 선착장에서 보건소를 지나 오르막길을 가다가 내리막으로 이어지는 길을 따라가면 길의 끝 바닥에 '백아로'라는 글이 보인다. 멋들어진 소나무가 있는 넓은 평지에서 야영이 가능하다.
- 해변 길을 따라가다 양 갈래 길에서 오른쪽이 헬기장, 왼쪽이 당산으로 이어진다.
- 바닷바람으로 인해 텐트와 타프의 내구도와 방수력이 좀 더 빨리 떨어지므로 단발성 코팅제를 뿌려두는 것이 좋다.
- 캠핑용 텐트의 내수압은 일반적으로 1,000mm~3,000mm이며, 2,000mm가 적당하다.
- 텐트는 3년 이상 사용하면 방수 성능이 떨어지기 시작하므로 방수 스프레이를 도포해 주거나 자가 심실링을 해준다. 텐트 수선 업체에 방수력 복원을 의뢰해도 된다.

섬 TIP

- 서해 공룡능선: 봉화대→흔들바위→전망대→송신탑→남봉발전소마을→남봉
- 공룡능선 중간 지점의 사자모양의 바위가 백아도 최고의 낚시 포인트다.
- 남봉 노지는 난이도가 상급이지만 최고의 뷰를 자랑한다.
- 먼 바다는 하루가 다르게 일기예보가 바뀌므로 시간 별로 날씨를 체크해 두는 것이 좋다.

PUNGDO

ISLAND

№ 1

세 번의 도전

텐트에 가만히 누워 귀를 기울여 본다.

타닥타닥 텐트를 때리는 소리.

하늘에서는 눈도 아닌 비도 아닌 것이 내린다.

때로는 고요함보다 옆에서 들려오는 백색 소음이 머리를 맑게 해줄 때가 있다.

1월의 겨울 그리고 섬. 발가락까지 시린 바다에 누워 잠을 청하는 이 밤.

나는 어쩌다 여기를 또 찾아 왔을까.

"우리 풍도나 한 번 가보자"

그게 시작이었다.

№ 2

10월, 가을의 풍도

풍도를 처음 찾아왔을 때가 벌써 7년 전이다. 그해 가을의 풍도는 겨울처럼 쌀쌀했다. 섬에 대해 아무것도 몰랐던 나는 그저 붉은 바위가 늘어선 북배로 가기만 하면 되는 줄 알았다. 그때는 왜 이곳으로 가야 하는지조차 몰랐다. 풍도하면 백패커들이 으레 추천하는 곳이 북배였다.

하지만 그날 일행들도 처음 만난 사람이었고 모두 풍도가 처음이었다. 어떻게 찾아가야 하는지도 몰라 무작정 길을 따라 걷기로 했다. 그러니 이 길도 아니었고 저 길도 아니었다. 한참을 헤매고 나서야 도착한 북배는 흡사 굴업도의 개머리언덕을 축소해 둔 것 같았다.

섬 끝에 도드라지게 나와 있는 언덕에서 야영하며 바라보는 낙조며 바람을 막아줄 만한 것이 없다는 것까지 닮아 우리는 예상보다 추운 가을밤을 보내야 했다.

'그래도 북배의 노을은 아름다웠다.'

풍도를 충분히 경험했다고 생각하고 돌아오던 날, 선착장에서 뜻밖의 사실을 알게 됐다. 전국적으로도 몇 안 되는 '야생화의 섬'이 풍도라는 것이다. 섬 전체가 야생화 군락지다. 그러나 아쉽게도 배 시간은 가까워졌고 난 다음을 기약할 수밖에 없었다.

4월, 봄의 풍도

두 번째 풍도를 찾은 건 4월, 봄이다. 하지만 이번 여행에서는 또 다른 것을 몰랐다. 안타깝게도 북배에서의 야영이 금지된 것이다. 어쩔 수 없이 야영을 포기해야 했고, 민박집에 도착해서야 야영이 금지된 이유를 알게 되었다.

야영객들이 돌무더기를 쌓아 모닥불을 피우다 보니 혹 불이라도 날까 마을 차원에서 막아 버린 것이다. 하지만 야영이 금지된 사실을 사람들에게 알릴 길이 없었다며 민박집 주인은 되레 미안해했다. 그들이 그럴 이유가 전혀 없는 일인데도 말이다.

불멍이라는 단어가 생겼을 만큼 캠핑에서 모닥불은 필수였다. 예전에는 나에게도 불멍이 낭만이었을 때가 있었다. 산과 바다에서 먹거리를 찾아 모닥불에 구워 먹는 것. 그것이 감성이라고 생각했다. 하지만 지금은 캠퍼들 사이에서 맨바닥에 모닥불을 피우지 않는 것으로 바뀌었다. 불멍을 하고 싶은 마음은 충분히 이해하지만 어쩔 수 없다. 이것이 지켜지지 않으면 야영이 금지되는 곳들이 늘어난다.

비록 야영은 할 수 없었지만 나는 야생화를 보러 온 것이라 괜찮았다.

후망산은 야생화 천국이다.
빽빽한 나무 아래로 야생화들이 핀다.
노루귀, 넓은잎천남성, 꿩의 바람꽃, 큰개별꽃 …
부르는 이름도 재밌다.
녀석들은 햇살이 겨우 들어오는 곳에서
그토록 선명한 색을 뽐내고 있었다.
그것은 섬에서 피어오르는 생명의 색이다.

숲은 생각보다 깊었다. 야생화를 찾아다니며 걷다보니 낯익은 곳에 다다랐다. 의도치 않게 마을의 반대편 북배에 도착한 것이다. 해는 지고 숲길로 돌아가자니 안쪽은 한 치 앞도 분간되지 않을 만큼 컴컴했다.

별수 없이 예전에 걸었던 채석장 해안길을 따라 돌아와야 했다. 숲으로 가면 3시간 정도면 충분한 거리가 5시간이 넘는 여정이 돼버린 것이다.

'그래도 북배의 야생화는 아름다웠다.'

산책을 끝내고 민박집에 돌아와 저녁을 준비하는데 주인장이 희소식을 전한다. 곧 북배에서의 야영이 재개될 수도 있다는 것. 그리고 북배의 진정한 아름다움은 겨울이라는 것까지.

№ 4

1월, 겨울의 풍도

그로부터 2년 후, 진눈깨비가 내리는 날 또다시 찾게 된 한겨울의 풍도.
북배에서의 야영이 재개되었다. 어느 때보다 배낭은 묵직했다.
아무래도 겨울에는 다른 계절보다 준비할 것이 많아 배낭의 크기가 커진다.
침낭도 커지고, 여벌옷과 방한용품들도 늘어난다.
거기다 때때로 소형 난로까지도 챙기다 보니
무게감에 체력적으로도 겨울이 더 힘들다.
유난히 추웠던 밤이었다.

'그래도 북배의 겨울은 아름다웠다.'

코끝이 살짝 시린 아침, 따듯한 커피 한잔이 나를 즐겁게 한다.

겨울 북배에 앉은 나는 기분 좋은 커피를 내린다.

밤새 내리던 진눈깨비는

어느새 함박눈으로 바뀌어 나무마다 소복하게 내려앉았다.

흰 눈을 머리에 이고 있는 풍도.

그날의 아름다움을 아무리 좋은 카메라로 찍었다 한들,

눈에 새기는 것에 비할 수 있으랴.

누군가 그랬다. 백패킹의 꽃은 겨울이라고.

이 순간 그 말이 가슴이 와 닿는다.

아침 햇살에 반사되어 유리처럼 빛나는 자연 그대로의 눈꽃.

그것의 아름다움은 경험해 보지 않고서는 알 수 없다.

이것이 내가 겨울 백패킹을 사랑하는 이유다.

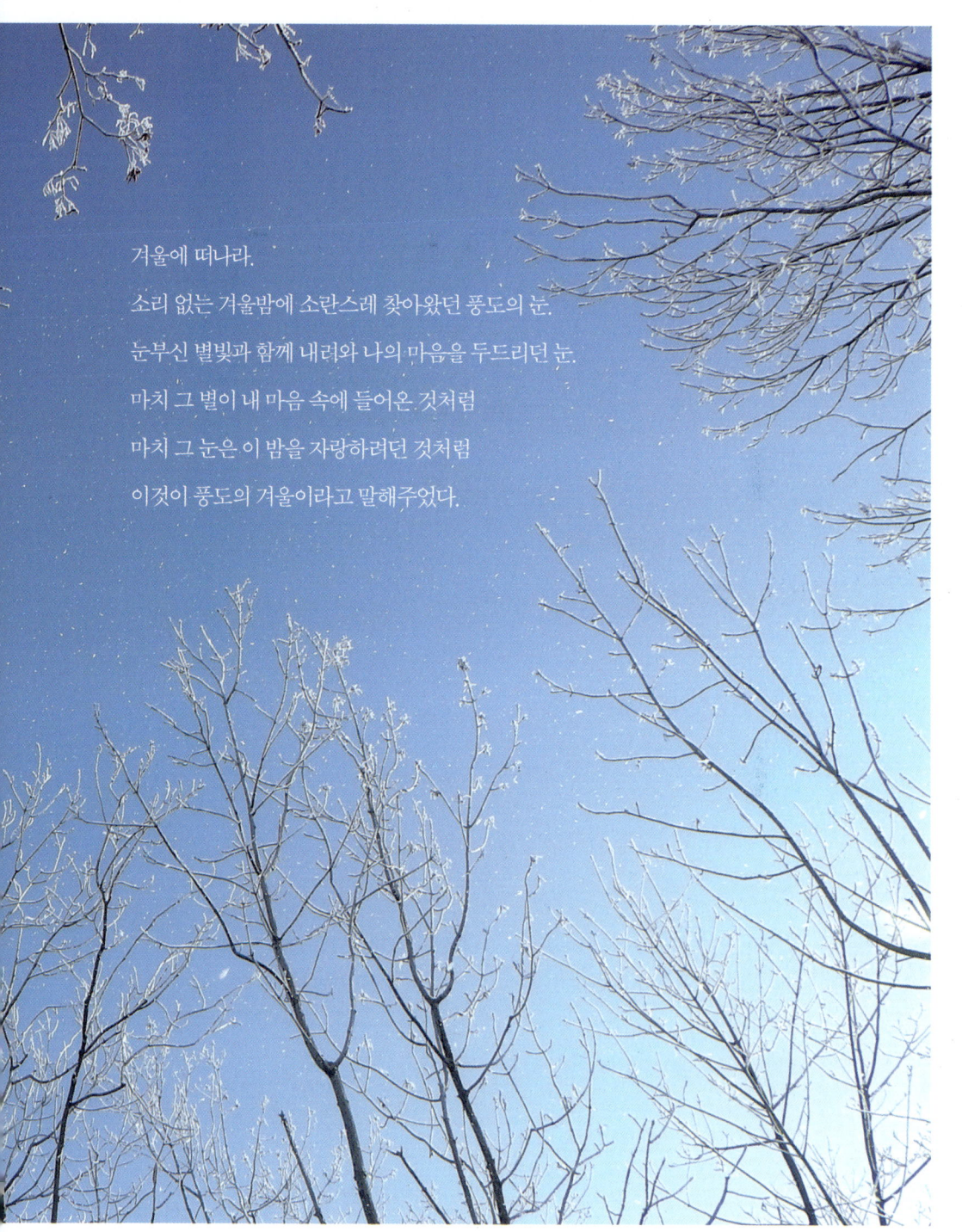

겨울에 떠나라.
소리 없는 겨울밤에 소란스레 찾아왔던 풍도의 눈.
눈부신 별빛과 함께 내려와 나의 마음을 두드리던 눈.
마치 그 별이 내 마음 속에 들어온 것처럼
마치 그 눈은 이 밤을 자랑하려던 것처럼
이것이 풍도의 겨울이라고 말해주었다.

풍도

- 위치   경기도 안산시 풍도동
- 배편   대부도 방아머리항(1시간 30분)
- 예매   가보고 싶은 섬
  (https://island.haewoon.co.kr)
- 야영   북배 언덕(무료)
  채석장 주변 노지(무료)

캠핑 TIP

- 선착장 오른쪽 해안길을 따라가면 채석장이 나오며, 채석장 숲에서 북배로 오르면 된다.
- 채석장 숲 입구와 능선 아래 노지에서 야영이 가능하다.
- 지금도 쓰레기가 많아질 때는 북배에 오르는 게 금지되는 경우가 간혹 있다.
- 겨울에는 섬의 개수대나 화장실이 잠겨있는 경우가 많으므로 응고제 등을 필히 챙기는 것이 좋다.

섬 TIP

- 작은 매점이 있으며 음료나 캔류의 간단한 식료품만 판매한다. 하지만 여는 날이 일정치 않다.
- 〈이괄의 난〉을 피해 피난 온 인조가 심었다는 은행나무가 유명하다.
- 해변에 물이 빠지면 미역과 전복을 딸 수 있다.
- 야생화는 4월과 5월이 절정이다.

BIYANGDO

ISLAND

№ 1
여기가 아니었다

분명 선착장에서 내려 왼쪽으로 걸어가면 야영지가 나온다고 했다. 하지만 아무리 걸어도 우리가 찾는 풍경은 나타나지 않았다. 혹시 덜 걸어온 것인가 싶어 가는 길을 더 재촉했다.

그때 문득, 인터넷에서 보던 비양도의 이미지가 머리에 떠올랐다. 섬의 끝자락에 앉아 뚝 떨어진 바다를 내려다보며 일출을 즐기는 모습….

하지만 지금 우리가 서 있는 곳은 평지다. 옆 봉우리로 올라야 그 풍경을 볼 수 있는 곳에 도착할거라 믿어 의심치 않았다.

그때 나는 그곳으로 오르지 말았어야 했다.
　그늘 없이 내리쬐는 태양 아래서 한 시간 넘게 걸었던 우리는 이미 지쳐있었다. 그래도 어쩐단 말인가. 야영지로 가야지 쉴 수 있는 것을.
　30분 가까이 다시 산을 올랐다. 하지만 여전히 우리가 찾던 그 풍경은 나타나질 않았고, 대나무 숲길만이 이어질 뿐이었다. 분명 비양도 선착장에서 배를 타고 넘어왔는데, 귀신이 곡할 노릇이다. 무언가 잘못된 것 같아 인터넷을 뒤적거리다 보니 그 설마가 사실이 돼버렸다. 잘못 찾아온 것이다.

№ 2
비양도는 두 개다

길은 모든 여행의 시작이다. 넓고 곧게 뻗은 길을 걸을 때도 있었고 길을 잘못 들어 헤맬 때도 있었으며, 샛길로 빠져 새로운 길을 만날 때도 있었다. 그것이 힘겨운 오르막길이라도, 질퍽이는 진흙 길이라도, 울퉁불퉁 자갈길이라도 여행은 때때로 새로움을 맞이하게 한다. 힘겹게 오른 길에서 뜨거운 일출을 보기도 했으며, 잘못 든 길에서 아름다운 풍경을 만날 때도 있었다. 그날의 비양도에서처럼 말이다.

제주공항에 도착하여 내비게이션에 비양도를 입력했다. 비양도 캠핑에 대한 기대감으로 설렘 가득했던 우리는 맨 위에 뜬 '비양도 선착장'을 당연하듯 눌렀다. 그렇게 당당히 찾아온 한림항. 매표소 안내판의 [한림항↔비양도] 운항 정보는 우리를 더욱 들뜨게 했다. 무사히 배도 탔기에 조금의 의심도 들지 않았다.

그곳은 우리가 가려던 그 비양도가 아니었다. 우리는 한림의 비양도가 아니라 우도의 비양도를 찾아가야 했다. 그 누가 상상이나 했겠는가? 제주도에 비양도라는 섬이 두 개가 있다는 것을!

사전 조사를 허투루 한 것도 아니다. 비양도에 도착하면 어느 방향으로 가야 하는지, 어디서 야영을 해야 하는지 정보란 정보는 모두 조사했다. 다만 여기가 아니었을 뿐이다.

당시만 해도 비양도 캠핑이라고 하면 우도의 비양도에 관한 이야기뿐이었고, 어디에도 한림 비양도에 대한 글은 없었다. 더 놀라운 것은 잘못 찾아온 비양도에도 아름다운 풍경의 야영지가 있다는 것이었다. 이것을 집으로 돌아와 알게 된 것이 문제였지만 말이다. 선착장에서 우측으로만 돌았어도 멋진 야영지에 손쉽게 도착할 수 있었던 것이다. 심지어 섬을 한 바퀴 다 돌 때쯤 가던 길을 되돌아오지만 않았어도 괜찮았다.

그날 비양도에서는 밤새도록 원망의 목소리가 끊이질 않았다. '제가 여러분들에게 평생 추억을 안겨드린 것입니다'라고 에둘러 봤지만 그들의 황당함은 더는 달랠 길이 없었다. 웃고 있지만, 마냥 웃을 수만은 없었다. 그래도 온 힘을 다해 야영지를 찾아온 공은 인정해 주는 일행들이었다.

№ 3
나는 제주도가 고향이다

제주에서 태어나 15년을 살았다.

하지만 두 곳의 비양도가 있다는 것은 금시초문이다.

가족들도 몰랐다.

마치 서울의 신사동이

강남구와 은평구에 있는 것과 같은 상황인 것이다.

일행들은 어떻게 제주도가 고향인 사람이

비양도가 두 개인 것을 모를 수 있냐는 핀잔을 주면서도,

눈앞에 펼쳐진 멋들어진 풍경에 마냥 싫지 않은 눈치다.

무사히 자리를 잡았다는 안도감 때문이었는지,

갑작스레 몰려오는 고단함에 먼저 누웠다.

텐트 밖은 여전히 시끌벅적했지만 나의 마음은 왠지 둥실거린다.

일행들의 웃음소리가 파도소리에 덮인다.

행복한 밤이다.

№ 4

힘든 만큼, 오래도록

그날 비양도의 모든 여정은 나를 한 뼘 더 성장시켰다. 비록 길을 헤매고 돌아 몸은 지치고 힘들었지만, 나는 안다. 낯선 길을 만난다는 건 내가 나아가야 할 길을 깨닫는 여행과도 같다는 것을.

그래서일까. 가끔은 이런 사소한 실수에서 생기는 불편함이 그리울 때가 있다. 분명 완벽하다고 생각했는데 어긋나기도 했었고, 땀에 흠뻑 젖어 우스꽝스러운 모습이 된 적도 있었다. 비양도의 그날처럼.

삐거덕거렸던 여행길. 하지만 그날의 상황이, 그날의 사람이 좋았다. 함께 웃고 떠들며 지친 어깨를 다독여주었던 그 날이 특별했기에, 비양도의 모든 것이 가슴에 아로새겨진다. 여행은 나의 추억을 담아 두는 저장고다.

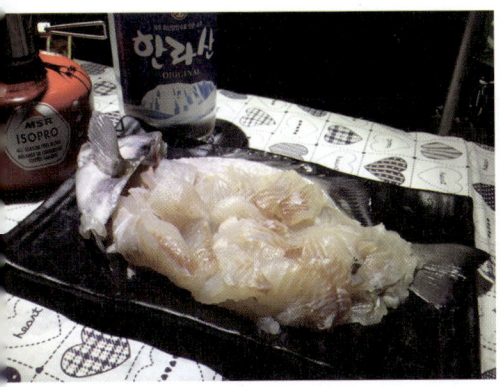 

No 5

펄랑못을 말한다

펄랑못은 우리의 눈을 즐겁게 한다. 여기는 우리나라 유일의 염습지이며, 비양도 동쪽 해안의 해수로 만들어진 연못이다. 60년 전 바다를 퍼 올린 단 한 번의 큰 태풍이 순식간에 펄랑못을 만들고 사라졌다.

   초승달 모양의 펄랑못은 기묘하게 돋아난 바위들이 자리를 지키고 있다. 현무암 돌담에 둘러싸인 연못은 신기하게도 밀물과 썰물에 따라 물의 높이가 달라진다.
   거무스름한 물이 넘나들 때 햇빛을 가득 머금은 모습은 흑진주처럼 찬란하게 눈부시다. 다가올 시간마저 머금은 연못은 영원을 빛낼 것처럼 반짝이고 있었다.
   힘들었던 오늘 하루를 비양도가 보상을 해준 것일까. 바다가 땅을 덮쳐 육지에서 돋아난 펄랑못이 나의 걸음을 느리게 한다. 마음의 틈을 비집고 들어오는 바다. 잠가두었던 마음은 어느덧 바다 앞에 활짝 문을 연다.

   펄랑못 주변에는 보말(고동)이 많다. 제주도로 캠핑을 올 때면 이것을 잡아다 죽을 끓여 먹곤 했다. 양이 많아 쉽게 잡을 수 있다. 그렇다고 해서 결코 흔한 맛이 아니다. 별다른 양념을 하지 않아도 된다. 그냥 삶아서만 먹어도 고소한 풍미가 일품이니 기회가 닿는다면 꼭 맛보길 추천한다.

어느덧 땅거미가 짙게 깔린 비양도에는
제비들이 하늘을 가른다.
새들도 쉬어가는 비양도의 밤.
전신주에 무리 지어 앉은 녀석들이
재잘재잘 이야기를 나눈다.
어릴 때는 저 제비들이 참 싫었다.
길을 가다 머리에 뚝 하고 떨어지는 제비 똥에
진절머리 쳤던 기억 때문에.
하지만 오랜만에 보는 제비가 정겹다.
아마도 어릴 적 녀석들을 피하며 뛰어다니던 때가
그리운 것이리라.
철새들은 곧 여기를 떠나지만
나의 마음은 한동안 이곳에 머물 것이다.

- 위치　제주도 제주시 한림읍
- 배편　한림항(15분)
- 예매　현장 예매

- 야영　코끼리바위 인근 노지(무료)
　　　펄랑못 데크와 노지(무료)

캠핑 TIP

- 선착장 좌측으로 돌아 코끼리바위를 찾아가면 된다.
- 선착장 우측으로 산책로를 따라 걸어가면 길 끝에 펄랑못 데크가 있다.
- 처음 가는 섬은 야영지 정보가 부족하거나 야영이 금지된 경우가 있을 수 있다. 이럴 때는 주민들에게 물어도 좋지만 관공서를 찾아가 물으면 정확한 정보를 알아내는데 매우 좋다.
- 비양도는 어디에서나 야영을 해도 되므로 적당한 자리가 보인다면 텐트를 설치해도 된다.

섬 TIP

- 썰물이 되면 코끼리바위 몸통 아래에 해식동굴이 숨어있다. 사진 명소이다.
- 바닷가에 오분자기, 보말, 소라가 많다.
- 보말 죽 만들기
  ① 즉석 밥을 먼저 물에 끓이며 숟가락으로 으깬다.
  ② 잡아 온 보말과 오분자기를 삶고 빼내 참기름에 볶는다.
  ③ 보말 죽은 간장으로 간을 하는 것이 풍미를 더 자극한다.

알아두면 쓸모 있는 캠핑 장비(1)

타프

렉타(4각)타프와 헥사(6각)타프가 대표적으로 쓰인다. 제품마다 다르긴 하지만 일반적으로 렉타는 두껍고 무거워 오토 캠핑에서 많이 쓰이며, 헥사는 가볍고 작아 백패킹에서 주로 쓰인다.

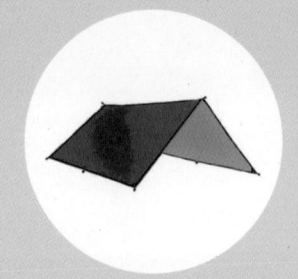

D팩

배낭에 캠핑 집기나 음식을 정리하여 넣을 때 사용한다. 보온과 보냉 기능을 겸하고 있는 제품도 있어 음식물을 보관에 용이하다. 영어 대문자 D모양이라 디팩이라 불린다.

버너 바람막이

섬이나 산은 바람이 강하게 부는 곳이 많다. 이 때문에 원활하게 요리를 하기 위해 가지고 다니면 굉장히 유용하다.

양방향 에어펌프

공기를 주입해야 하는 에어매트나 에어배게 등의 장비에 유용하다. 바람을 넣고 뺄 때 양방향 펌프를 이용하면 보다 쉽게 공기 주입이 가능하다.

내열 물병

물을 넣고 얼리거나 뜨거운 물을 부어도 형태가 변하지 않는 내구성을 가지고 있다. 겨울 야영 시 짐을 줄이기 위해 핫팩 대신 뜨거운 물을 데워 내열 물병에 넣으면 따듯하게 보낼 수 있다. 이 물은 요리에도 사용할 수 있다.

휴대용 정수기

오지에서 물이 떨어지는 경우와 산악 종주나 계곡 야영 시 그곳의 물을 즉시 정수하여 음용할 수 있게 해준다. 가격에 비해 성능이 뛰어나다.

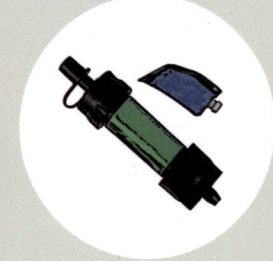

단조 팩

텐트나 타프를 고정하기 위한 필수품이다. 모래사장용, 흙바닥용, 동계용이 나누어져 있으며 용도에 따라 재질과 생김새가 다르다.

소형 점화기

버너에 내장 되어 있는 점화기는 고장이 잦아 소형 점화기나 마그네슘 바를 가지고 다니면 좋다. 애초에 점화기가 없는 버너를 사는 것도 이 때문이다.

이소가스

부탄가스는 기온이 영하로 떨어지면 점화가 잘 되지 않고 유지력이 약해 사용이 어렵다. 하지만 이소가스는 영하 10도에서도 착화가 가능하여 동계 캠핑 시 필수품이다.

가스 변환 어댑터

섬에서는 이소가스를 구하는 것이 쉽지 않다. 이소가스 버너에 부탄가스를 사용할 수 있도록 해주는 어댑터가 필요하다.

호스형 버너

일반형 버너에 비해 동계에서 사용이 유리하다. 날이 추운 경우 다른 준비 없이 가스를 기울이기만 해도 원활하게 사용할 수 있다.

PART 5

남해의 섬은 언제나 옳다

MAEMULDO

등대섬의 고릴라

매물도

ISLAND

№ 1

그늘 밑 사투

폐교를 개조해 만들었다는 캠핑장엔 그늘이 있는 자리가 단 하나다.
처음 매물도를 찾았을 때는 이 같은 사실을 몰랐지만
오늘은 다르다.
그래서인지 마음이 더 다급해졌다.

매물도는 한려해상 국립공원으로 허가된 장소 외에는 야영이 금지되어 있다.
매물도로 향하는 배 위에는 우리 말고도 다수의 백패커가 보인다.
분명 이들도 우리와 같은 장소로 향할 터,
그들은 그늘이 하나뿐이라는 사실을 알고 있을까?

당금마을 선착장에 내린 사람들은 사진을 찍거나 화장실로 향했다. 그러나 우리는 지체 없이 한산초등학교로 재빠르게 발걸음을 옮겼다. 다행히 뒤따르는 무리는 없었다. 계획대로 그늘 밑에 자리를 먼저 잡고 잠시 숨을 고르며 휴식을 취했다.

뒤늦게 올라온 사람들은 그제야 상황을 알아채고, 아쉬워하는 표정이 역력했다. 물론 타프를 설치하면 되겠지만, 한여름 땡볕은 타프로 가린다고 모두 막을 수 있는 게 아니다. 그래도 요즘은 암막 커튼처럼 두터운 재질의 타프가 있으니 그걸 이용하면 조금 낫다. 하지만 자연적으로 생긴 그늘과 합쳐진 것보다 시원할까?

약간의 노력으로 뜨거운 햇볕을 피할 수 있었음에 뿌듯하다. 왠지 좋을 일이 생길 것만 같다.

№ 2
한여름의 장군봉

날이 좋으면 대마도를 맨눈으로도 볼 수 있다는 장군봉. 무더운 날씨였지만 호기심이 생겼다. 과연 대마도는 어떤 모습일까.

1시간이면 오를 것 같았던 장군봉이 끝없이 멀게만 느껴진다. 가만히 서 있기만 해도 숨 막힐 것 같았던 뙤약볕 등산길, 그늘 하나 없는 길이라 더 그랬나보다.

장군봉에 올라 똑똑히 대마도를 보았노라 말하고 싶지만, 솔직히 어느 섬이 대마도인지 알 수 없었다. 대마도 뿐 아니라 비진도와 연화도, 욕지도도 보인다는데, 도통 구분이 안 되는 게 아쉽다.

바다백리길 중 으뜸이라고 알려진 장군봉은 지루할 틈 없이 볼 게 많았지만, 날이 뜨거워서인지 사람들은 금세 되돌아갔다. 하지만 나는 매물도를 더 알고 싶었다.

장군봉 반대 끝에서 닿은 대항마을의 꼬돌개. 왜 그렇게 부르는지 친절한 안내판이 즉시 궁금증을 풀어준다. 오래 전, 매물도에 정착하려던 사람들이 적응에 실패하고 죽거나 고꾸라졌다(꼬돌아졌다)하여 꼬돌개로 불린단다. 한적한 시골 마을인 당금마을과는 달리 대항마을은 매물도의 번화가다. 이곳에는 펜션, 민박, 슈퍼, 식당이 모두 있다.

같은 섬 안의 두 마을은 분위기가 사뭇 다르다. 휘파람새가 운다는 당금마을의 돌담은 이곳의 역사다. 아무렇게나 쌓아 올린 듯한 투박한 돌담은 100년이 넘는 세월을 담고 있다.

'가장 뜨거워진 해를 매일 바다에 담가 하루하루를 담금질한다. 섬사람들은' 아기자기한 나무 명패에 적힌 글귀마저 사랑스러운 섬. 여기는 매물도다.

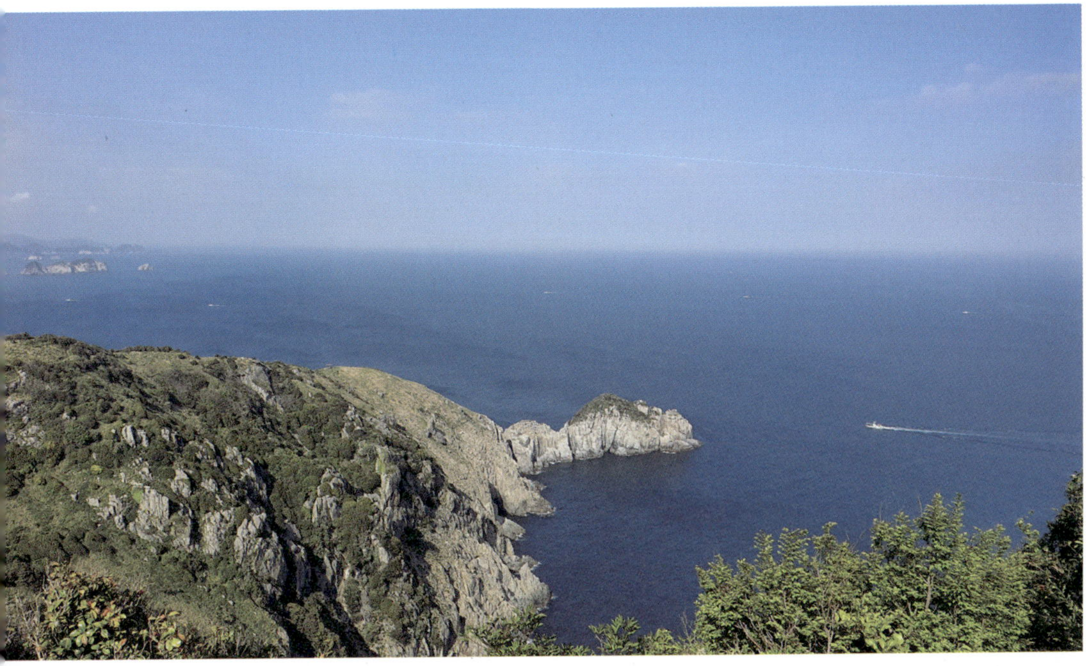

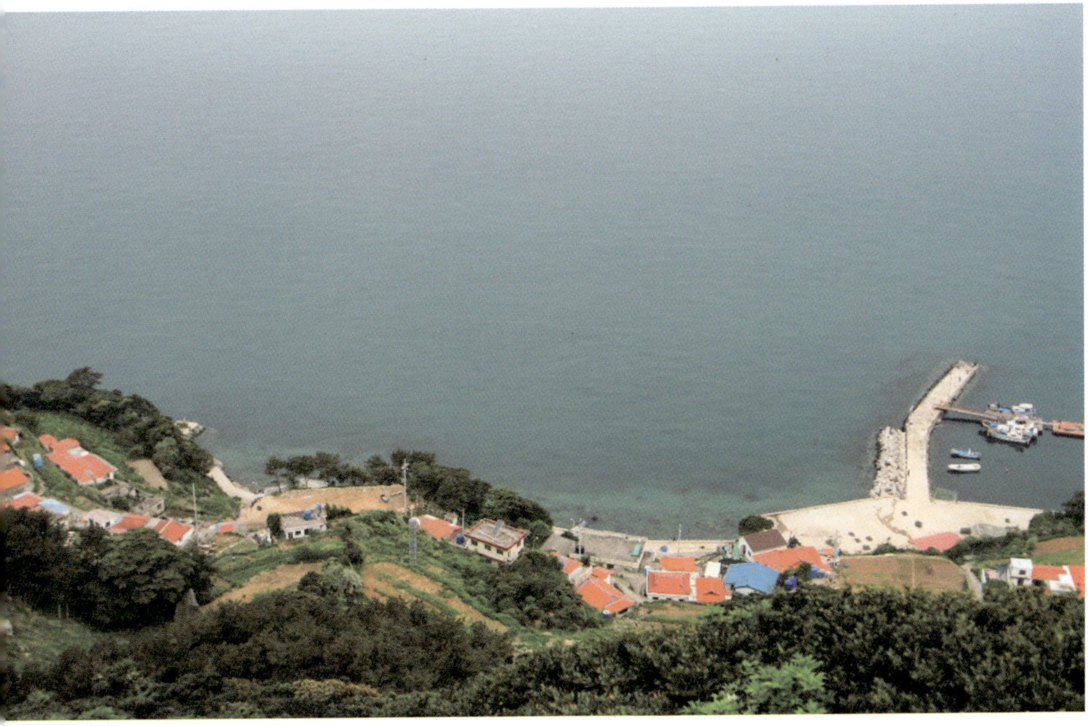

№ 3

소매물도

선착장에는 등대섬으로 걸어 들어갈 수 있는 시간에 맞춰
사람들이 기다리고 있었다.
대매물도에서 소매물도까지는 금방이다.
배를 타고 내리는데 20분이 채 걸리지 않는다.

"옆에서 보니 고릴라 세 마리가 서 있는 것 같지?"
일행의 말이 한눈에 와 닿는 모습이다.
소매물도 등대섬의 고릴라가 나를 쳐다본다.
너희는 뭐하러 왔냐며 쏘아 붙이는 것만 같다.

소매물도에도 돌이 참 많다. 해안을 따라 멋들어지게 깎아진 기암괴석은 소매물도의 또 다른 볼거리다. 부처바위, 거북바위, 촛대바위, 남매바위… . 그 중에서 촛대바위는 생김새 때문인지 지역마다 하나쯤 있는 것 같기도 하다.

그 많은 바위들 중 나의 눈길을 끈 것은 남매바위인데, 얽힌 사연이 남다르다. 어릴 때 헤어졌던 쌍둥이 남매가 오누이 사이인 줄 모르고 부부의 연을 맺으려는 순간 번개가 치며 바위로 변했다는 서정적인 이야기. 이런 설화를 접할 때 드는 생각은 하늘도 참 무심하다는 것이다. 그럴 거면 애초에 헤어지지 않게 하면 되는 게 아닌가. 어머니들이 욕하면서 본다는 드라마 같은 걸까. 예나 지금이나 이런 이야기를 좋아하는 것은 변하지 않는가 보다.

어느덧 우리의 길은 바다 위에 놓여 있었다. 하루에 두 번 열리는 바다, 그리고 등대섬으로 이어지는 자갈길. 자갈길은 예쁜 돌멩이만 골라 던져놓은 듯한 모습이다.

나는 오늘 이 섬에 마음을 내어주었다. 이것은 내가 소매물도에 보낼 수 있는 최고의 찬사다.

№ 4
자맥질

나의 여행은 가볍지만 특별하다.

작은 행복을 찾아가는 여행.

좋아하는 사람과 좋아하는 여행지에서의 시간,

함께 만들어 가는 소소한 특별함은 언제나 나를 설레게 한다.

매물도도 그런 의미에서 내게 가볍지만 특별한 추억을 선사해 준 섬이다.

夏

冬

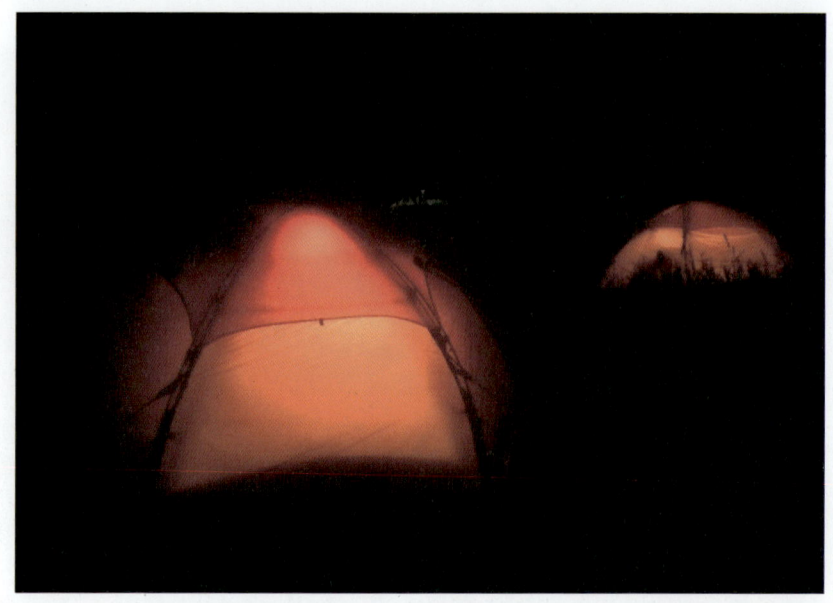

캠핑장 옆으로 이어지는 길을 따라 내려가면 해변이 나온다.
오목하게 물을 모아 둔 듯한 몽돌해변, 매물도의 유일한 해수욕장이다.
물이 어찌나 맑은지 바다 속으로 다니는 물고기들이 선명하게 보인다.
이 해변이 더 마음에 들었던 이유는 해삼과 전복 그리고 문어가 잡히기 때문이다.
오늘은 물놀이와 해루질을 원 없이 해보리라.

나는 물안경을 챙겨 바다로 향했고, 일행은 낚싯대를 챙겼다.
하지만 기대했던 것과 달리, 내가 잡은 건 겨우 작은 전복 둘이었고,
일행은 노래미 한 마리뿐이었다. 네 명의 배를 채우기에는 터무니없이 부족한 양이다.
나는 좀 더 깊은 바다를 살펴보기로 했다.
그날은 무언가를 잡아야 한다는 책임감이 느껴졌다.
먼 곳까지 함께해 준 일행들에게 보여주고 싶었다.

두 시간 남짓 혼신의 힘을 다한 자맥질의 끝.
따라오는 튜브 위 살림망이 묵직하다.
갯바위에서 걱정스레 지켜보던 일행의 입가에도 미소가 번진다.
나의 손에는 커다란 문어와 멍게가 들려있었다.
마치 개선장군이라도 된 양 나는 열렬한 환호를 받으며 자리로 돌아왔다.

어느새 햇빛은 눈을 감고 바다는 그늘이 드리웠다.
노을은 바다의 선물을 축하하듯 빨간 축포를 쏘아 올렸고,
그날 밤 매물도 캠핑장에는 해산물 파티가 열렸다.

매물도

- 위치　　경남 통영시 한산면
- 배편　　통영항 여객선터미널(1시간 30분)
　　　　거제 저구항(30분)
- 예약　　통영항 - 가보고 싶은 섬
　　　　　　　　(https://island.haewoon.co.kr)
　　　　저구항 - 현장 예매
- 야영　　매물도 야영장(유료/ 현장 결제)

캠핑 TIP

- 매물도는 한려해상 국립공원으로 지정된 장소 외에는 야영이 금지되어 있다.
- 당금안내소 옆길로 올라 마을 중앙을 관통하면 매물도 야영장(한산초등학교)에 도착할 수 있다.
- 매물도 야영장(한산초등학교)에는 샤워장, 개수대, 전자레인지가 준비되어 있다.
- 그늘이 없는 곳에서는 타프를 설치하면 된다. 요즘은 블랙(암막) 타프를 이용해 그늘을 만드는 사람들이 늘고 있다.

섬 TIP

- 열목개는 소매물도와 등대섬을 연결해 주는 자갈길로 썰물 때만 바닷길이 열린다.
- 통발을 던져두면 물고기가 들어오고 운이 좋을 땐 문어나 쭈꾸미 등이 잡히기도 한다.

GEUMODO

다도해가 품은 비렁길

금오도

ISLAND

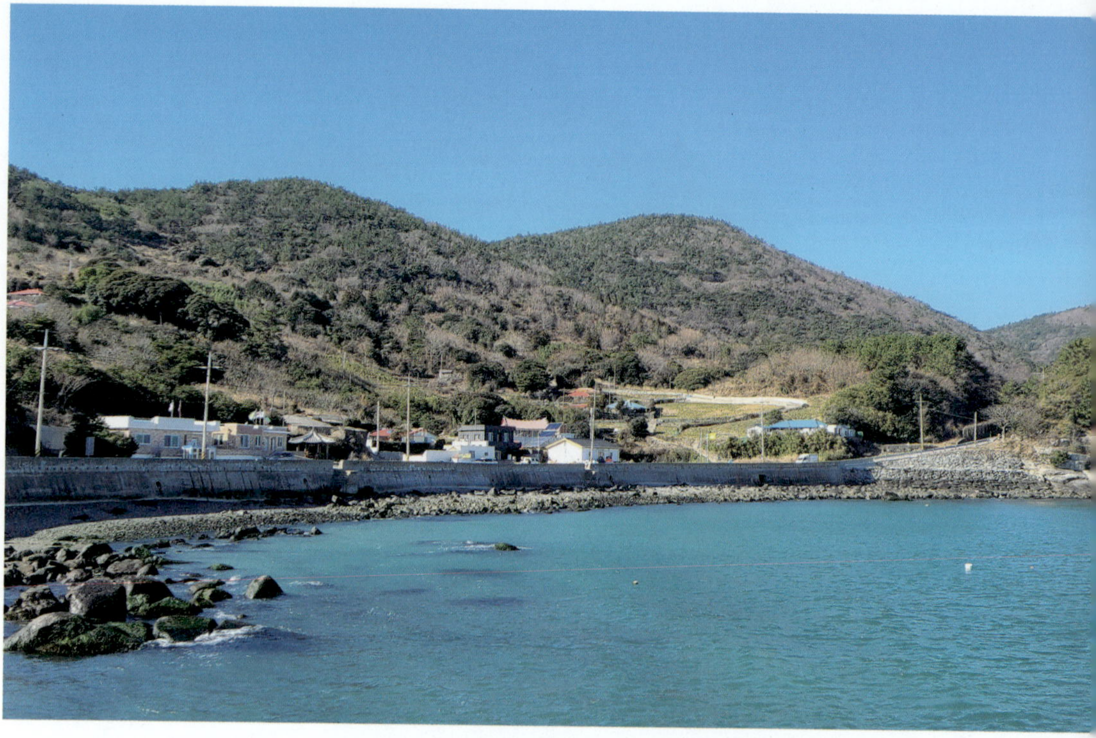

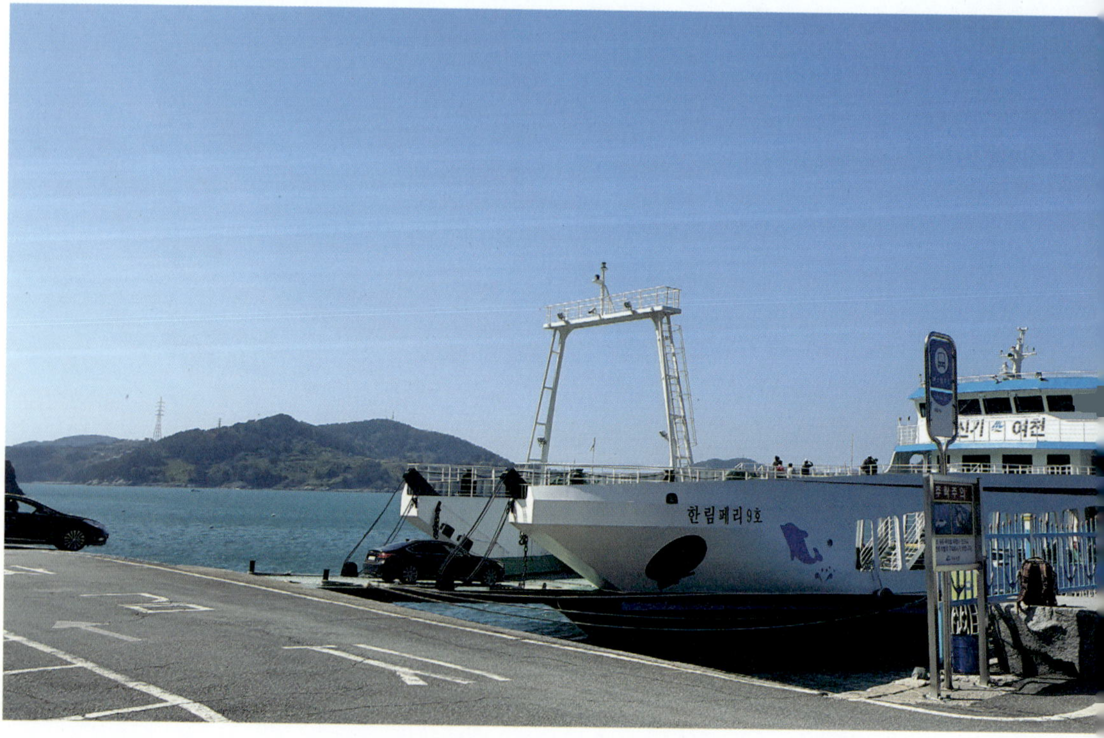
신기 여천
한림페리9호
추락주의

№ 1

Hit the Road

금오도를 알게 된 건 몇 해 전이다.
충수염으로 입원을 했을 때 금오도가 고향인 옆자리 환자가
그곳의 바다가 황금빛으로 반짝여 황금 자라섬으로 불리고,
특이하게도 멸치를 손으로 잡을 수 있다며 자랑이 대단했다.
언젠가 꼭 한번은 가봐야겠다는 생각이 들었다.

생선을 잡아 회로 먹는 것은 흔한 일이다.
하지만 성질이 급한 멸치는 여간해서 회로 먹을 수 없다.
그 말이 사실이라면 금오도는 내가 좋아하는 것들을 채워줄 수 있는 섬이다.
머리가, 가슴이, 내게 말한다. 떠나라!

금오도는 남쪽 끝에 있는 섬이라
쉽게 내려갈 수는 없다는 게 흠이라면 흠이었다.
쉽사리 일정을 잡지 못하고 기회를 엿보다 몇 년이 흐른 뒤에야
여수 여행의 기회가 닿았다.

№ 2
다도해의 전망대

그가 처음부터 강력 추천 했던 것은 해질 무렵의 매봉전망대다.

그곳에서 금오도를 내려다보라는 것이다.

매봉전망대로 가는 길은 매우 이색적이다.

절벽을 지척에 두고 아슬아슬 걷는 길이 모두를 흥분케 했다.

걸음 하나하나, 나무 사이사이에 나타나는 다도해는 그야말로 비경 중에 비경이었다.

끝없이 펼쳐진 초록 바다, 산처럼 우뚝 솟은 수많은 섬들,

그 섬의 티 없이 맑은 하늘, 시선이 닿는 곳 어느 하나 뺄 것 없는 절경이다.

대한민국 구석구석 이토록 아름다운 곳들이 숨겨져 있다.

이미 그것만으로도 충분히 아름다웠지만, 아직 끝나지 않았다.

나는 전망대에 올라서고 나서야
그가 왜 그토록 침이 마르도록 자랑했는지 알 수 있었다.
정상에 발을 디딜 때만 해도 그저 평범했던 기암절벽이었다.
하지만 노을이 내리면서 황금빛 폭포가 나타나기 시작한다.
자연이란 화가의 거침없는 붓놀림,
그 붓이 닿는 곳마다 노을이 물감을 풀어 수채화를 그렸고
어느덧 내 가슴에는 감성을 깨우는 그림이 남겨져 있었다.

№ 3
멸치 낚시

손꼽아 기다리던 썰물이 마침내 시작되었다. 나는 준비한 양동이를 들고 곧바로 해변으로 나갔다. 금오도의 특산물인 멸치를 잡기 위해서다. 해변에는 이미 사람들이 삼삼오오 모여 분주하게 다니고 있었고, 그들의 손에는 하나같이 잠자리채가 쥐어져 있었다. 처음 금오도의 멸치낚시 방법을 들었을 땐 농담인 줄 알았다. 그도 그럴 것이 낚싯대도 통발도 아닌 잠자리채라니, 이런 방법의 낚시를 상상이나 해보았겠는가?

금오도 바다 속에는 암릉 웅덩이가 많다. 밀물 때 이곳에서 놀던 멸치 떼가 썰물이 되어 물이 빠져나가면 웅덩이와 돌 틈에 갇힌다. 이때 멸치를 잠자리채나 뜰채로 건지기만 하면 되는 것이다. 동심으로 돌아간 우리는 신나게 잠자리채를 휘둘렀다. 아빠와 함께 나온 아이도 초롱초롱 신기하다는 눈으로 따라다니며 멸치를 한 움큼 잡는다. 도심에서는 먹을 수 없다는 멸치회. 분주히 손질하는 손에는 벌써부터 흥이 깃들어 있었다.

너무 작아 회로 먹는 게 어려울 것 같지만 여기서 잡히는 건 대멸치다. 비릴 것 같은가? 그렇지 않다. 멸치회는 처음으로 맛본다는 기대감을 배신하지 않았다. 입안에서 부드럽게 녹는 맛이 여타 회들과는 아에 다른 식감을 보여 준다. 나는 금오도에서 썰물이 되면 해변으로 나가 멸치를 잡아 보는 것을 추천한다. 생멸치는 회도 좋고 무침도 좋고 튀겨도 맛있다. 장담하건데 결코, 후회하지 않을 것이다.

№ 4
어머니의 손맛

섬에서는 역시 바다요리가 제격 아니겠는가. 여수에서 배를 타기 전 수산시장에 들러 우럭을 사왔다. 멸치회는 충분히 맛보았으니 이번에는 매운탕이다.

신선한 재료들이 맛있게 끓고 있는 냄비를 보던 일행 하나가 어머니의 비법이라며 식초를 꺼내 든다. 그때만 해도 생선을 찍어 먹을 소스를 만들 거라 생각했다. 그런데 비린내를 잡아주고 식감을 올려준다면서 느닷없이 매운탕에 들이 붓는 것이 아닌가? 너무 순식간이라 말릴 틈도 없었다. 다른 것도 아니고 식초다. 맛보지 않아도 시큼한 맛이 날 것만 같았다. 일행들의 원망 섞인 탄식에 그는, 딱 5분만 기다려보라는 것이다. 이제 와서 무엇을 어쩌겠는가. 이미 들어간 식초를 꺼낼 수도 없는 일. 이상하면 가만두지 않으리라.

분노의 숟가락질이 시작되었고 눈이 번쩍 뜨였다. 이게 웬일이람? 식초의 맛은 온데간데없고 신기하리만치 비린내가 사라진 것이다. 솔직히 아무런 기대도 안했다. 그런데 이렇게 쉽고 맛있는 방법이 있었다니. 나는 그날 이후 매운탕을 끓일 때면 식초 한 숟갈을 빼놓지 않는다. 어머니의 노하우는 위대하다.

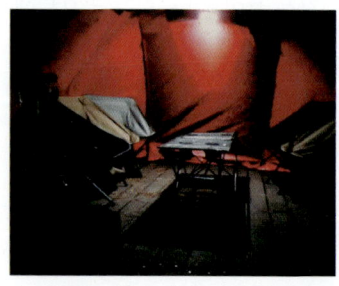  

№ 5

비렁길

벼랑을 전라도 사투리로는 비렁이라고 한다. 그렇다. 구불구불 이어지는 금오도의 비렁길은 절벽 위를 걸으며 바다를 볼 수 있는 산책길이다. 난이도는 중급이지만 암석으로 이루어진 깔딱 고개 구간은 쉽기만 한 코스는 아니다.

비렁길에는 여러 개의 산책로가 있는데 3코스를 추천하는 사람들이 많다. 이 길은 약간의 오르막만 지나면 대부분 평지이고, 숲길이 쭉 이어져 있어 시원하게 걸을 수 있다. 그중에서도 오랜 세월이 선사하는 자연 그대로의 사진 포인트가 많아 유명하다.

바다를 곁에 두고 걷는 동화 같은 풍경의 비렁길. 우리는 오후가 되면 해를 등지고 걸을 수 있고, 어여쁜 동백꽃이 길을 둘러싸고 있는 2코스와 3코스를 연계하여 걷기로 했다.

№ 6
초보도 할 수 있다

비렁길은 섬 트레킹이 처음인 초보자에게는 쉽지 않은 코스였나 보다.
일행에서 자꾸 뒤처지는 게 미안했는지 먼저 가라지만 그냥 두고 갈 수는 없다.
나는 뒤처지는 그를 독려하며 함께 걸었다.
익숙지 않은 산행에 경사로를 만난다면 보폭을 줄여 천천히 라도 걷는 것이 좋다.
자주 쉬다 보면 더 힘들고 시간도 늘어나 더 어려워진다.
앞서가는 사람들을 무리하게 따라잡으려는 것도 체력적인 부담이 더해진다.
물론 사람들이 그의 속도에 맞춰 걸어줄 수는 있지만
그것은 초보에게도 다른 이들에게도 도움이 되는 방법이 아니다.
되레 심리적인 부담이 생길 수 있다.
산행에 익숙한 한 명이 초보의 속도에 맞춰 리드해 주는 것이 낫다.
천천히, 한 걸음, 한 걸음.

그는 비록 남들보다 늦게 도착했지만
중간에 포기하지 않고 목적지에 도착할 수 있었다.
그는 산행에 관심도 많고 체력도 나쁘지 않았다.
다만, 요령이 없었을 뿐이다.
그랬던 그가 얼마 지나지 않아 달라졌다.
이제는 누구보다도 빠르게 앞장서 길잡이 역할을 한다.
이래서 사람 일은 모르는 것이다.
새끼 곰 같은 느린 걸음으로 요령을 배워 나가던 그가,
지금은 날쌘 토끼처럼 길을 개척해 나가고 있는 것이다.
지금은 우리의 산행 대장인 그가 자랑스럽다.

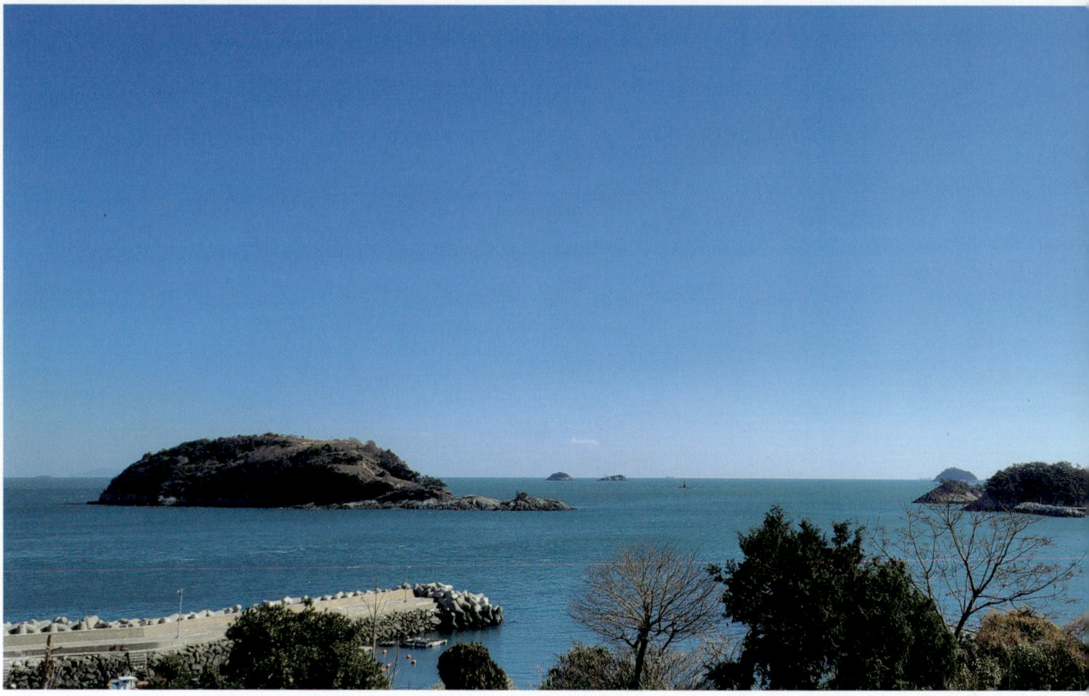

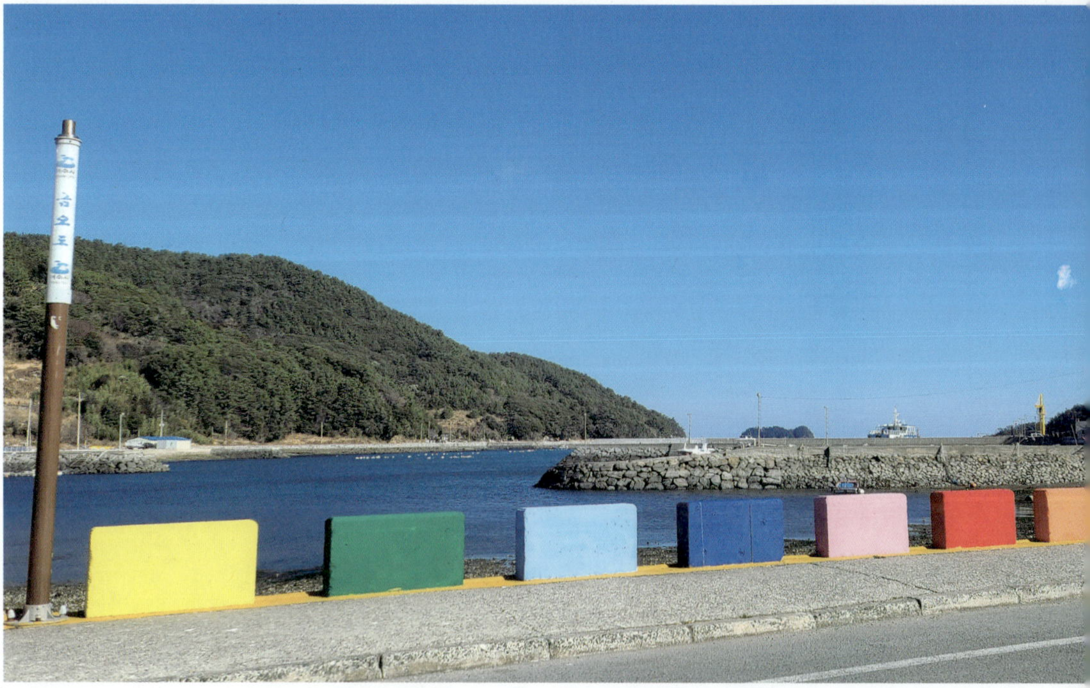
금오도

낯선 여행지에서 초보자의 시간은 빠르게 흘러간다.
단지 새로운 풍경을 정신없이 둘러보기만 해서 그런 것은 아니다.
텐트에서의 첫 밤, 화장실 없는 노지, 낯선 사람과의 조우,
그리고 익숙하지 않은 환경에 적응해 나가는 것까지 쉽지 않을 것이다.
누군가는 포기하거나 누군가는 적응한다.
서로가 함께 호흡을 맞춰
같은 시간, 같은 풍경을 나누다 보면
어느새 초보자의 시간도 천천히 흘러간다.
익숙해지는 것이다. 믿고 나아가라.
당신은 조금 느릴 뿐이고,
우리는 기다릴 것이다.

금오도

- 위치   전남 여수시 남면
- 배편   돌산 신기항(20분)
  여수여객터미널(1시간 20분)
- 예매   돌산 신기항 - 현장 예매
  여수여객터미널 - 가보고 싶은 섬
  (https://island.haewoon.co.kr)
  ※ 차량 승선은 신기항에서 가능
- 야영   금오도 캠핑장(유료)
  시공간 캠핑장(유료)
  써니 아일랜드 캠핑장(유료)

캠핑TIP

- 금오도는 다도해 해상 국립공원으로 지정된 곳 외에는 야영이 금지되어 있다.
- 유포초등학교가 폐교된 후 캠핑장으로 전환되어 저렴한 가격에 이용할 수 있다.
- 선착장에서 왼 쪽으로 길을 따라가면 유포초등학교가 나오고 이용료는 현장 결제이다.
- 산행 시에는 되도록이면 스틱을 사용하는 것이 좋다. 특히 하산할 때 무릎 관절이 받는 하중은 스틱을 이용하느냐 안 하느냐에 따라 50%이상 차이가 난다.
- 섬의 산은 고지는 낮지만 산세가 험한 경우가 많으므로 되도록이면 트레킹화보다 접지력이 우수한 경량 등산화를 착용하는 것이 도움이 된다.

섬 TIP

- 금오도 비렁길은 중간에 화장실이 없으므로 3코스 시작점에서 해결하고 가는 것이 좋다.
- 비렁길 3코스는 약 3.5km(1시간 30분) 거리이며 직포→갈바람통전망대→매봉전망대→학동으로 이어진다.
- 신기항은 여객선을 타는 시간이 편도 30분이므로 배멀미가 심하다면 이곳을 이용하면 된다. 하루 7회 왕복 운항한다.

HAHWADO

봄의 왈츠, 꽃들의 향연

하화도

ISLAND

№ 1
봄꽃의 섬

'아름다운 꽃섬 하화도' 입구의 예쁜 안내판이 우리를 반기는 섬. 입구부터 섬 끝까지 쭉 뻗어있는 해수욕장은 마치 활시위 같았다. 자연이 만들어 둔 예술품에 사람이 약간 거들었을 뿐이다. 잘 정돈된 잔디밭과 해변의 자갈밭은 마치 줄자를 대고 그어 둔 느낌이다. 바다가 깎아놓은 몽글몽글한 알갱이가 놓아져 있는 해변은 반짝이는 유리알 같았다.

봄의 하화도는 그야말로 꽃으로 축제를 하는 섬처럼 느껴졌다. 누가 일부러 옮겨다 키운 것도 아니라는데 섬전체가 꽃으로 뒤덮여 있는 것이다. 선착장에서 이어지는 길을 따라 진달래, 찔레꽃, 유채꽃, 개나리가 앞다투어 봄을 알리고 있었다.

나는 봄을 탄다. 천연색으로 물들인 하화도의 길. 진달래 꽃잎은 바람에 흐드러지고 유채꽃의 감미로운 향기는 나를 취하게 한다. 말없는 부추꽃은 조심스레 얼굴을 내밀고, 떨어진 개나리 꽃잎에도 어여쁨이 맺힌다. 단 하루뿐이지만 하화도는 나를 봄 타게 했다.

봄의 감성을 되찾아 준 꽃길에서 나를 기다리고 있던 선발대와 조우했다. 그곳에서 처음만난 그들은 우리보다 하루 먼저 하화도를 찾았다. 그들 덕분에 야영지를 찾는 수고스러움도 덜고, 너른 잔디밭에 편안하게 자리를 잡을 수 있었다. 그들이 먼저 찾은 곳은 하화도의 중심 해변의 꽃밭이다.

№ 2
옛날의 산딸기

남해의 꽃섬. 하화도를 온전히 담기 위해 섬의 정상으로 향했다. 오르는 길이 낮은 경사뿐이어서 발걸음도 가볍다. 나지막한 풀 숲 사이 붉은 점이 콕콕 박혀 있는 것 같은 열매가 보인다. 무심하게 열려있는, 누구의 손도 타지 않은 산딸기다. 어릴 적 뒷산에서 따먹었던 달달함은 그대로였다.

남해의 섬으로 캠핑을 온 건 하화도가 처음이었다. 그날의 그때는, 모든 것이 다 좋았다. 그 섬에 열려있는 산딸기는 어찌나 맛있었는지, 그 길에 피어있는 진달래는 어찌나 예뻤는지, 그 길에 끝에 있던 정상의 풍경은 또 어찌나 아름다웠는지…. 아마도 새로운 사람들과 함께여서 더 좋았던 것 같다.

섬의 정령이라도 된 듯 개나리와 진달래가 양쪽으로 지키고 있던 산중턱에는 안개마저 자욱하게 깔려있어 혹 이곳이 무릉도원이 아닐까 싶은 착각마저 들게했다. 행복했던 그 길은 어릴 시절을 회상하게 해주었고, 섬을 걷는 것만으로도 휴식이 되어주었다. 그날 나는 마음에 꽃길을 선물 받았다.

어떤 사람들은 내게 역마살이 끼었다고 한다.
그러나 내가 걷고 싶은 길을 걷는다는 건
한 번뿐인 내 삶을 더 가치 있게 한다.

사람마다 좋아하는 게 다르고 같을 수도 없다.
그들이 쉼에서 삶의 활력을 찾는다면
나는 길을 걷는 게 쉼이고, 삶의 보상이다.
앞으로 내가 또 어떤 길을 걷게 될지는 모르지만 분명한 것은,
찾아가는 새로운 길에서 나는 삶의 에너지를 얻는다는 것이다.

№ 3
사랑꾼

여수에서부터 하화도까지의 이야기로 웃음소리가 이어지고 있을 때
마을 이장님은 여행객에게 인사를 하고 다녔다.
전라도 특유의 맛깔 나는 말투로
'허벌나게 먼 곳까지 오느라 고생이 많았다'며
하화도 사랑의 집 주인장이라고 본인을 소개한다.

그때는 이게 무슨 소리인가 싶었지만
하화도의 슈퍼에 들렀을 때에야 비로소 이유를 알 수 있었다.
그 곳에 이장님이 계셨고, 부부의 이름이 적힌 작은 문패에는
사랑의 집이라고 적혀있었다.
거기다 귀여운 하트까지.
점포에는 사랑 가득한 글귀도 곳곳에 걸려있었다.
나는 이장님의 나이가 되었을 때 이토록 낭만적일 수 있을까?

'하화도의 개수대에서 세제는 거시기항께 사용하지 말아 달라'는
사랑꾼의 당부도 되새겨 본다.

№ 4
여수 밤바다

뜻밖의 산행이다. 2박 3일로 여수 시내와 하화도 여행을 온 것인데 갑자기 나타난 가파른 언덕길은 모두를 당황케 했다.

여수에서 우린 우리나라 최초의 해상 케이블카를 타고 여수 밤바다의 야경을 감상하기로 했다. 비록 초행길이지만 어려울 건 없었다. 버스를 타고 돌산공원 입구까지 가면 되는 일이었다.

그런데 뭐에 홀리기라도 한 걸까? 맞게 내렸다고 내린 곳은 두 정거장 전이었던 것이다. 다시 버스를 기다릴까 하다가, 기다리는 시간에 걷는 게 낫다는 판단이 섰다.

백패킹 배낭을 메고 두 정거장 거리를 걷는 것까지는 그래도 괜찮았다. 그런데 하필 케이블카 출발지가 돌산 정상에 있는 것이 아닌가? 1시간 가까이 걸은 것도 모자라 산행까지 하게 된 것이다. 20kg이 넘는 배낭을 메고서. 2박 3일 일정이라 평소보다 짐도 많았다. 무거운 배낭이 삶의 무게라도 된 것인 양 숨이 턱 막혀왔지만, 죽기야 하겠는가!

마음을 단단히 먹었지만 어찌나 힘들었는지 다리도 풀리고 손도 부들거렸다. 서 있는 것도 버겁기만 한 상태였다. 그래도 인증샷은 찍겠다며 그 와중에도 연신 셔터를 눌렀다. 초점이 흔들거리는 손 때문인지 다리 때문인지 알 수 없었지만, 찍는 사진마다 죄다 흔들려 남길만한 장면을 건지지 못한 건 못내 아쉽다.

그렇게 까마득한 길도 아니었는데 왜 그렇게 힘들었는지, 아마 일을 마치고 오랜 시간 기차를 타고 온 영향도 있었을 것이다.

그날따라 유난히 힘겹게 올라 케이블카를 탔지만 정작 여수의 야경은 기억조차 나지 않는다. 여행 첫 날의 기대감으로 잠시 망각한 것이다. 나는 높은 곳을 무서워한다는 것을. 오르기 전까지만 해도 해상 케이블카가 바다 위를 그렇게 높게 지나갈 것이라고는 생각하지 못했다. 덜컹거리며 출발하자 순식간에 땅에서 멀어져 버렸다.

아찔한 높이에 절로 눈이 감긴다. 혼미해진 정신을 겨우 붙잡았을 때는 케이블카 도착지였다. 그렇게 나는 여수 밤바다의 야경을 눈에 담지 못하고 일행이 남긴 사진으로 확인할 수밖에 없었다. 노래 가사에도 나오는 여수 밤바다의 아름다운 얘기를 들을 수 있다는 떨림, 그것이 홀리듯이 나를 이끌었지만 끝내 나는 볼 수 없었다.

여행은 생각지도 못했던 나를 알게 해주기도 한다.
평상 시 같았으면 케이블카는 탈 생각조차 하지 않았을 텐데,
여행지의 기대감이 묻혀있던 나의 이상한 욕구를 끄집어 내 준 것이다.

그래도 다음날 먼저 여행을 시작한 선발대와 이어질 기분 좋은 상상을 하며
여수의 검은 모래 해변에서 잠이 들었다.

하화도

- 위치   전남 여수시 화정면
- 배편   여수 여객터미널(1시간 30분)
  백야도 선착장(35분)
- 예매   현장 예매
- 야영   하화도 해수욕장 잔디밭(무료)
  차박 가능

캠핑 TIP

- 선착장 우측으로 조금만 걸어가면 잘 정돈된 잔디밭이 있으며 이곳에서 캠핑이 가능하다.
- 개수대, 화장실, 샤워실도 무료로 사용할 수 있다.
- 텐트는 다음날 아침 해 뜨는 방향을 확인하여 오전에 그늘이 지는 곳으로 설치하는 것이 좋다. 이른 새벽부터 뜨거운 햇살을 마주하게 된다면 강제로 기상하는 경우가 생긴다.

섬 TIP

- 섬을 왕래하는 도선을 통해 상화도와 하화도, 사도 등을 왕래할 수 있다.
- 여수 여객터미널보다 백야도 선착장이 배 시간이 짧고 가깝다.
- 하화도 둘레길은 5km 구간에 꽃으로 둘러싸인 난이도가 낮고 편한 길이다.
- 하화도 둘레길에서 90도 각도로 깎아내린 절벽 아래의 큰 굴이 장관이다.

BIJINDO

ISLAND

№ 1
태양

어스름한 비진도의 아침, 비가 그쳐서 그랬을까.

우리 앞에는 전날과 다른 섬이 나타났다.

하늘에는 미처 달아나지 못한 구름이 잡혀 있었고,

수면 위로는 짙은 안개가 깔려있었다.

비진도는 일출과 일몰을 모두 볼 수 있는 섬이다.

일출을 보기 위해 새벽을 깨운 사람들은 저마다의 생각에 잠긴 듯하다.

섬의 일출.

어려웠던 사업이 나아지지 않고 추락할 때가 있었다.

짊어져야할 책임과 해야 할 일의 무게가 버거워질 때,

그럴 때면 이따금씩 섬을 찾았다.

낯선 섬에서 낯익은 나를 되찾아가는 여행.
누가 그러라고 알려 준 것도 아니었고, 스스로 무엇을 한 것도 아니다.
그때는 떠오르는 태양을 바라보는 것만으로도 마음이 따듯했었다.
꺼지지 않는 희망. 단단하게 얼어있던 마음이 스르르 녹듯,
어쩌면 누군가의 그런 위로가 필요했을는지도 모른다.

오늘 마주한 태양은 그때와는 다르다. 어제 진 태양은 같은 자리에서 떠오른다.
나는 떨어졌었지만 다시 일어섰고, 지금은 그 누구보다 힘찬 아침을 맞이했다.

No 2
선유봉

대동산에서 선유봉까지 이어지는 등산로는 꼭 가봐야 한다. 우리나라 천연기념물 팔손이나무와 모밀잣밤나무가 둥지를 틀고 있는 곳, 단언컨대 선유봉을 오르지 않는다면 비진도를 절반밖에 경험하지 못한 것이다. 우리나라 10대 섬 절경의 하나로 꼽히는 이유가 바로 이 정상에서 비진도를 내려다본 풍경 때문이다. 맑은 산호빛 바다와 하얀 모래사장, 윗섬과 아랫섬을 잇는 해수욕장은 모래시계를 닮았다. 이것이 잘록한 허리의 미인을 닮았다 하여 비진도를 미인도라고도 불렀다.

두 섬을 이어주는 길을 중심으로 한쪽은 모래 해변이고, 한쪽은 몽돌해변인 것도 독특하다. 정반대의 성향. 딱딱하고 차가운 해변과 부드럽고 포근해 보이는 해변. 두 얼굴의 미인도여서 그런가. 잠시 엉뚱한 상상도 해본다.

어느새 구름이 걷힌 비진도의 하늘은 산호빛 바다와 경쟁하듯 더욱 파랗게 빛났다. 비진도는 자연의 아름다움을 모두 합쳐 놓은 듯한 천국이었다. 그곳에서 보이는 비진도의 신비로운 모습이야 말로, 사람들의 발길을 유혹하는 섬이라는 수식어가 어색하지 않은 섬이다.

전망대 멀리서는 매물도가 보이고 가까이에는 오곡도, 연화도, 연대도, 용초도가 진을 치고 있는 복잡한 수로가 펼쳐진다.

이런 비진도의 주변 지형을 이용하여 이순신 장군이 임진왜란에서 승리하였다. 장군은 우리나라 어딜 가나 회자 되는 위인이지만, 그의 전장이었던 남해에서는 유독 이런 이야기가 더 많이 전해진다.

그 옛날 이순신 장군은 어떤 마음으로 비진도를 바라보았을까. 무고한 병사들의 죽음을 보아왔던 전쟁터. 꺼져가는 호롱불 같은 나라를 지키려던 생각에 아름다운 경치는 보이지 않았을지도 모르겠다. 그 심정의 깊이는 알 수 없지만, 아마도 그 마음은 남해만큼이나 넓고 아름다웠으리라. 장군의 전쟁은 수백 년 전 끝이 났지만, 그로 인해 오늘 우리는 이곳에 올 수 있었던 것이다.

내가 서 있는 비진도는 그 해전의 승리를 일궈 낸 보배로운 섬이라 불리는 곳이다.

№ 3

여름아 부탁해

사실 무더운 여름에는 캠핑을 하는 게 쉽지는 않다.
그래서 사람들은 바다나 계곡을 찾는다.
그 해 비진도의 여름은 유난히 뜨거웠다.
모래사장 위에서는 맨발로 잠시 서 있는 것조차 힘들었다.
더위를 달래기 위해 난 끊임없이 바다로 향했다.

오늘이 마지막이라도 되는 것처럼 태양 빛은 강렬했다. 뜨겁게 달궈진 해변 어디선가 신나는 노래가 퍼진다. 누군가 그랬다. 해변은 젊음과 동의어라고. 그래서인지 여름 노래는 사랑을 원하는 달콤한 가사가 많다. 한껏 달아오른 해변에서 내 마음도 함께 달아오른다. 분위기가 한껏 오른 신나는 해변. 선크림과 모래가 범벅된 얼굴을 씻기도 전에 차가운 캔 맥주를 땄다. 콸콸콸 목구멍을 타고 흐르는 탄산이 따가울 겨를 없이 시원하게 넘어간다. 지금 이 순간 이만한 보상이 세상 어디에 또 있으랴.

　여름에 캠핑이 어려운 것은 비단 더위뿐만이 아니다. 여름밤에는 날벌레와 모기와의 전쟁도 시작된다. 비진도라고 다르지 않다.
　모기장 타입의 쉘터를 이용하는 것도 좋지만 의외로 빨리 닳고 구멍이 나기 쉽다. 그래서 나는 1~2년 정도 쓰고 버려도 아깝지 않은 저렴한 모기장을 들고 다닌다. 여기에 모기잡이 랜턴 하나면 한여름도 두렵지 않다. 그것이 비진도 모기와의 전투에서 내가 승리할 수 있었던 이유다.

　비가 오려고 낮은 그렇게 뜨거웠나 보다. 인류를 멸망시킬 것처럼 내리쬐던 태양이 빗방울에 진정된 듯하다. 야영장에는 약속이라도 한 것처럼 잔잔한 음악이 흐른다.
　음악은 침묵을 어색하지 않게 이어주는 선이다. 야영장의 배경음악은 때때로 감정을 공유한다. 굳이 말하지 않아도 대화를 이어주는 역할. 근사한 여행지에서 근사한 음악을 찾는 것도 아니다. 물처럼 잔잔해도 좋고, 불같이 타올라도 좋다. 그저 음악을 듣는 것만으로도 충분하다. 나는 오늘 여름을 춤추고 노래하는 음악가다.

어서오세요

선착장에는 펜션에서 예약 손님들을 태우기 위한 수레로 분주했다. 그들은 이제 비진도를 즐기겠지만 나는 오늘 비진도를 떠난다. 배를 기다리며 그늘을 찾아보았지만 이미 모두가 만석이다.

비진도의 매표소는 오래된 컨테이너다. 나는 그 옆 그늘에 자리를 잡고 배를 기다리고 있었다. 그러다 한 여행객이 다가와 내게 묻는다. "배는 언제 오나요?" 매표소에는 따로 배 시간이 적혀있지 않았다. 그래도 나는 매표소 직원을 통해 배 시간을 알고 있었다. 그런데 어찌 된 일인지 다음 여행객도 내게 배 시간을 물어온다. 그렇게 한 명, 두 명, 세 명이 물어오고 나서야 깨달았다. 그들은 나를 섬 주민이라 생각했던 것이다. 전 날, 비진도 땡볕에 얼굴이 새까맣게 탔고, 냉장고 바지에 슬리퍼를 신고 있던 모습이 그런 생각이 들게 했을까. 또 손님이 다가온다. "30분 뒤에 배가 도착합니다." 그들이 묻기도 전에 먼저 말해준다. 다음에도, 또 다음에도 나의 안내는 이어졌다. 이런 모습을 보고 있던 매표소 직원이 웃으며 물을 건넨다. 그날 비진도 선착장에는 호쾌한 웃음소리가 울려 퍼졌다.

오래도록 섬에 다니다 보니 별의별 일이 생긴다. 이 일도 그때를 회상하면 여전히 즐거운 기억이다.

Nº 5

남해의 섬은 언제나 옳다

남해는 어디를 찾아가도 아름다운 절경을 감상할 수 있다.
하지만 어디에도 같은 섬이 없었고, 어디에도 같은 이야기가 없었다.
섬마다 가진 각기 다른 이야기는 언제나 나를 설레게 했다.

70개의 섬을 돌아본 나는
70편의 역사를 알았고 70권의 책을 읽은 것이나 마찬가지다.

비진도

- 위치　　경남 통영시 한산면
- 배편　　통영항 여객선터미널(40분)
- 예매　　가보고 싶은 섬
　　　　　(https://island.haewoon.co.kr)
- 야영　　비진도 캠핑장(유료/ 현장 결제)

캠핑 TIP

- 비진도는 한려해상 국립공원이라 야영이 금지되어 있으니 허가된 장소에서만 야영을 할 수 있다.
- 비진도 캠핑장은 비진도 내항에서 내려야 가깝다. 외항에서 내리면 약 3km를 걸어야 한다.
- 비진도와 매물도를 2박 3일로 연계하여 캠핑하는 것을 추천한다.
- 비진도 해수욕장에는 그늘이 없으니 타프나 가림막을 준비하는 것이 좋다.

섬 TIP

- 성게와 전복은 바깥섬 갯바위 밑에서 찾을 수 있다.
- 해변 슈퍼에서 파라솔과 샤워 시설도 유료로 이용할 수 있다.
- 두 섬을 왕복하는 배표는 현장에서 발권 가능하다.

알아두면 쓸모 있는 캠핑 장비(2)

헤드 랜턴

야간 이동 시 필수다. 또한 어두운 곳에서 물건을 찾는 등 다양한 곳에서 쓰인다. 캠핑 비너를 연결하여 생활 랜턴으로도 사용할 수 있다.

가방형 화롯대

화롯대 중에서도 가방형 화롯대가 편리하다. 가방을 펼치기만 하면 완성되고 소형 사이즈가 있어 야영 시 들고 다니기에 부담이 덜하다.

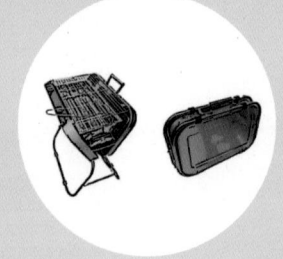

경량 망치

단조 팩을 박기 위해 사용하는데 동계 캠핑 시에는 필수다. 무게를 줄이기 위해 알루미늄으로 만들어진 망치를 가지고 다니면 좋다.

의자 그라운드 시트

섬의 해변에서 캠핑 시 의자 다리가 모래에 빠져 넘어지는 것을 막아준다.

동계용 의자 커버

동계 캠핑 시 하체를 따듯하게 해줄 수 있는 방법이 제한적이다. 핫팩 외에 두툼한 커버를 의자에 씌우면 체온이 떨어지는 것을 막아준다.

충전 겸용 랜턴

보통 랜턴과 보조 배터리를 별개로 들고 다니는 경우가 많다. 하지만 요즘에는 랜턴에 보조 배터리 기능을 추가하여 무게를 줄이기에 용이해졌다.

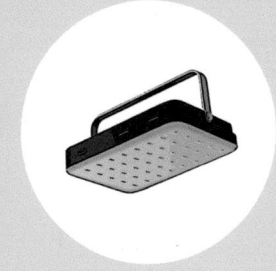

캠핑 비너

비닐 봉투나 랜턴 등을 매달거나 물건 구분을 위한 표시가 필요할 때 사용되므로 한 두 개 정도 가지고 다니면 매우 유용하다.

캠핑 로프

필수 예비 용품이다. 섬에서 바람이 강하게 불어 추가적인 고정이 필요하거나 장비를 말리거나 물건을 걸 때 유용하다. 이것이 준비가 되지 않았을 경우 텐트에 묶여 있는 로프를 사용하기도 한다.

로프용 안전 램프

야간에는 텐트나 타프를 고정해 둔 로프가 보이지 않아 걸려 넘어지기 일쑤다. 이런 상황을을 미연에 방지할 수 있는 장치다.

티타늄 컵

조리 도구가 없는 경우에도 사용할 수 있다. 티타늄(두랄루민) 컵은 직화에도 외관이 변형되지 않는다.

일회용 우비

야영 시 뜻하지 않게 비를 만나게 되는 경우가 있다. 요즘은 초소형 일회용 우비가 있어 가지고 다니기 부담 되지 않고, 때로는 비오는 날 장비나 텐트 등에 덮어 유용하게 쓸 수 있다.

EPILOGUE

나는 예전부터 여행이라면 사족을 못 썼다. 어쩌다 그저 그런 평범한 여행에 익숙해져 갈 때쯤, 우연히 섬 캠핑을 접한 것이 새로운 취미로 굳어졌다. 섬 여행에 캠핑이 더해진 것이다. 그때부터 이어져 온 여정을 생각하면 가슴이 벅차다. 섬으로 가기 위해 온갖 어려움도 겪었고 실수도 잦았다. 사실 지금도 여전히 겪고 있는 일이다. 어려움 하나와 실수 하나를 극복해가는 이야기를 잇다 보면 완성되는 것이 여행이다.

나는 섬에서 여러 가지 것들을 보고 느끼고, 많은 사람들을 만나며 자유롭게 웃었다. 하지만 돌아온 일상의 갑갑함으로인해 자유로움에 목이 마른 적도 있었다. 그러나 지금은 다르다. 여행도 일상도 모두가 나의 삶이었다. 그곳에서 느낀 감정들은 거기서 끝나지 않는다.

섬에서 집으로 돌아오면 그날의 일들과 풍경 그리고 그곳만의 향기를 적어 내려간다. 그렇게 추억을 더듬다 보면 나는 어느새 섬 한가운데로 다시 돌아간다. 여행이 계속되는 것이다. 그렇게 섬에서 있었던 크고 작은 일들을 모두 적고 나면 나의 여행은 비로소 끝이 난다. 이것이 사소한 것까지 모두 기억할 수 있는 이유다.

10년 혹은 20년, 오랜 시간이 지났지만 아직도 지난 여정의 모든 것이 선명하다. 하지만 모든 것을 글로 풀어낸다는 건 그리 쉬운 일은 아니었다.

나는 여행에서 그랬던 것처럼 이 책에서도 많은 도움을 받았고 지금도 배운다. 그리고 이제는 나아갈 시간을 위한 새로운 이야기를 준비한다. 소중한 것을 기억하고 꿈꿔왔던 시간. 덕분에 나는 찬란하게 빛나는 꿈속을 걸었다. 그런 의미에서 이 책은 지난 여정의 집합체이자 결과물이다. 나 혼자 이 책을 쓴 것이라 생각하지 않는다. 나와 팀원들 그리고 섬에서 지나쳤던 모든 사람들이 저자였다. 그들과의 시간과 추억이 한 권의 서사가 되었다.

　여행가는 것도 쉽지 않은데 배까지 타고 외딴섬으로? 막연히 생각해보면 섬으로의 캠핑이 멀게만 느껴질 것이다. 하지만 부딪혀보면 멀지 않다. 어느 곳보다 가깝고 어느 나라보다 멋진 풍경이 여러분을 기다리고 있을 것이다.

　마지막으로 이 책을 읽은 사람들에게 다시 한 번 당부하고 싶은 말은 아무런 흔적도 남기지 말자는 것이다. 자연은 있는 그대로가 좋다. 우리가 흘린 밥 한 톨도 자연이 원한 것이 아니다. 마치 아니온 듯 있는 그대로를 지켜주길 바란다.

　이제 나의 실수담과 성공담 그리고 소망을 함께 한 당신, 떠나라.

초판 1쇄 인쇄 2022년 7월 6일
초판 1쇄 발행 2022년 7월 13일

지은이　　소재성
펴낸곳　　이지퍼블리싱

기획·편집　성주영

마케팅　　김정현, 이민우, 김이슬
영업　　　이동진

디자인　　양은경

사진　　　Backpaker's Noah, 황가연

주소　　　경기도 파주시 광인사길 209, 202호
대표번호　031-946-0423
팩스　　　070-7589-0721
전자우편　edit@izipub.co.kr
출판신고　2018년 4월 23일 제 2018-000094 호

ISBN 979-11-90905-23-7 (13980)

• 이지퍼블리싱은 여러분의 소중한 원고를 언제나 성실히 검토합니다.
• 이 책에 실린 모든 내용은 저작권법에 따라 보호를 받는 저작물이므로 무단 전재와 무단 복제를 금합니다.
• 이 책 내용의 전부 또는 일부를 사용하려면 반드시 출판사의 동의를 받아야 합니다.
• 잘못된 책은 구입처에서 교환해 드립니다.
• 책값은 뒷면에 있습니다.